Industrial Bookkeeping

工業簿記
システム論

吉岡正道・井岡大度・会田富士朗 [編著]

税務経理協会

序文

　簿記は，本来，企業の財産を管理する目的でシステム化された。企業活動が複雑化する中で，簿記の目的は，企業が所有する財産の管理から資産の使用状況の把握へと移り変わってきた。また，企業の経営活動が製造業かそれとも非製造業かに細分化されたことで，簿記も工業簿記と商業簿記に分けられることになった。

　工企業の経営活動は，つぎの3つに分けられる。
- ①　購買活動・製造準備活動：製造に必要な財貨の購入，労働力・外部用役の調達
- ②　製造活動：製品の製造
- ③　販売活動：製品の販売

　工業簿記は，上述の3つの活動を原因と結果に分けて記帳することになる。とりわけ，製造活動においては，材料・労働力などから製品を造るという内部活動が頻繁におこなわれている。この製造活動を把握できるよう，本書はつぎのとおり章立てを整え工夫している。

　第Ⅰ編　工業簿記のしくみ
　第Ⅱ編　原価の費目別計算
　第Ⅲ編　原価の部門別計算
　第Ⅳ編　原価の製品別計算

　また，各章では，その冒頭に「本章の概要と学習目標」を設け，本書の利用者が習得すべき内容を示し，そのねらいを定めている。しかも，各章の末尾に「本章のまとめ」を設け，本章の内容が要約されている。さらに，「問題」と「問題解答欄」を設けて，利用者の理解度が確認できるようにしている。上述のとおり，本書は，工業簿記の初学者でも理解できるように工夫してある。

序　文

　本書の構想にあたって，編集委員会を立上げた。その構成員は，井岡大度氏（国士舘大学），会田富士朗氏（東洋大学），野口教子氏（東京理科大学），および吉岡正道（東京理科大学）である。井岡氏は，東京理科大学に勤め始めたとき，本学工学部の助手を務めていた。本学工学部が神楽坂キャンパスにあることから，よく飲みに行った。井岡氏は，ビールが大好きで，酔いが回ると煙草を片手に立ち始めたものだ。今では煙草も止め，学生主任として学生を指導している。会田氏は，東洋大学に非常勤講師として勤めていたときに，大坪宏至氏（東洋大学）に紹介された。大坪氏は，カラオケが好きなようで，一度，大学の近くにあるカラオケに連れて行かれたことがある。その時の縁で，会田氏に編集委員会の構成員に加わって頂いた。会田氏は，勤務中，校内を白衣で闊歩している。長身だけに，白衣がよく似合う。野口氏は，ボディー・ラインが抜群で，学生からもスリムといわれ，高い評価を受けている。ただ，学生に対する採点は厳しいようである。空手三段の腕前で，おいそれとは近づけない。

　本書の出版にあたって，格別にご尽力頂いた株式会社税務経理協会代表取締役の大坪嘉春氏には心からお礼申し上げる。また，編集部長の峯村英治氏には，感謝している。峯村氏は，金曜日の午前中に研究室に電話をかけてくる。原稿が進んでいないときは，留守番電話にしておく。ときおり，フェイントをかけて，月曜日の午後に電話をかけてくることがある。思わず電話口に出てしまうと，峯村氏の声がか細く聞こえてくる。それからは，言い訳のオンパレードが始まる。まるで，そば屋の出前みたいな言い訳である。諦めずに，辛抱強く原稿の完成を待って頂き，感謝の域を超え，むしろ恐縮している。

　本書の作成から校正に至るまで，東京理科大学生涯学習センター講師の末原聡氏，東京理科大学大学院生の稲垣勝也氏の協力を得たことをここに記し，感謝の意を示す。

2012年4月9日　東京理科大学　久喜キャンパス　吉岡研究室から夕陽をみながら

博士（学術）　吉岡　正道

目次

序章 工業簿記の目的 …………………………………………3

本章の概要と学習目標 ……………………………………………3
0-1 工業簿記の対象…………………………………………3
  0-1-1 製造事象　3
  0-1-2 工業簿記の事象　4
  0-1-3 工業簿記の原理　5
0-2 工業簿記行為…………………………………………7
  0-2-1 認　　識　7
  0-2-2 測　　定　8
0-3 工業簿記の計算構造…………………………………9
  0-3-1 収支計算　9
  0-3-2 取得原価計算　10
本章のまとめ……………………………………………………10

第Ⅰ編 工業簿記のしくみ

第1章 工業簿記システムの本質 ………………………15

本章の概要と学習目標……………………………………………15
1-1 工企業の特質 ………………………………………15
1-2 商業簿記と工業簿記 ………………………………16
1-3 原価および原価計算 ………………………………17
  1-3-1 原価の意義　17

i

1-3-2　原価要素の分類　　18
　　　1-3-3　原価計算制度上の原価の分類　　21
　　　1-3-4　原価計算の目的　　23
　　　1-3-5　原価計算の種類　　24
　　　1-3-6　原価計算の手続き　　25
　本章のまとめ……………………………………………………………26

第2章　工業簿記の勘定 ……………………………………………29

　本章の概要と学習目標……………………………………………………29
　2-1　工業簿記の勘定組織 ………………………………………………29
　　　2-1-1　工業簿記と製造プロセス　　30
　　　2-1-2　物の流れと製造プロセス　　30
　2-2　原価の集計手続き …………………………………………………32
　　　2-2-1　勘定連絡　　32
　　　2-2-2　直課と配賦　　34
　　　2-2-3　予定配賦　　34
　本章のまとめ……………………………………………………………35

第II編　原価の費目別計算

第3章　材料費計算 …………………………………………………39

　本章の概要と学習目標……………………………………………………39
　3-1　材料費の定義と分類 ………………………………………………39
　3-2　材料費に関わる証憑および帳簿 …………………………………40
　3-3　材料費の計算 ………………………………………………………45
　本章のまとめ……………………………………………………………48

第4章 労務費計算 ……………………………………………49

　本章の概要と学習目標……………………………………………49
　4-1　労務費の定義と分類 ………………………………49
　4-2　労務費に関わる証憑および帳簿 ……………………51
　4-3　支払賃金の計算 ……………………………………53
　4-4　消費賃金の計算 ……………………………………54
　本章のまとめ………………………………………………………58

第5章 経 費 計 算 ……………………………………………61

　本章の概要と学習目標……………………………………………61
　5-1　経費の定義と分類 …………………………………61
　　　5-1-1　形態別（費目別）による分類　61
　　　5-1-2　製品との関連による分類　62
　　　5-1-3　経費消費高の計算方法による分類　62
　5-2　経費に関わる証憑および帳簿 ………………………63
　5-3　経費消費高の計算 …………………………………65
　　　5-3-1　支払経費の計算　65
　　　5-3-2　測定経費の計算　67
　　　5-3-3　月割経費の計算　67
　　　5-3-4　発生経費の計算　67
　本章のまとめ………………………………………………………68

第6章 製造間接費計算 …………………………………71

　本章の概要と学習目標……………………………………………71
　6-1　製造間接費の定義と計算構造………………………71
　　　6-1-1　製造間接費とは　71
　　　6-1-2　製造間接費の計算構造　72

6-2　製造間接費の配賦基準と配賦方法 ……………………73
- 6-2-1　製造間接費の配賦基準　73
- 6-2-2　製造間接費の配賦方法　73
- 6-2-3　配賦差額の処理　76

6-3　固定予算と変動予算 ……………………………………79
- 6-3-1　固 定 予 算　79
- 6-3-2　変 動 予 算　80

6-4　製造間接費配賦差額とその原因分析 ………………80
- 6-4-1　製造間接費配賦差額　80
- 6-4-2　固定予算による場合の差異分析　81
- 6-4-3　変動予算による場合の差異分析　82

本章のまとめ ……………………………………………………84

第Ⅲ編　原価の部門別計算

第7章　部門費計算 ……………………………………………89

本章の概要と学習目標 …………………………………………89

7-1　部門費計算の意義と構造 ………………………………89
7-2　原価部門と部門費集計 …………………………………90
7-3　部門個別費と部門共通費 ………………………………91
7-4　補助部門費の製造部門への配賦 ………………………92
- 7-4-1　直接配賦法と簡便相互配賦法　92
- 7-4-2　補助部門費の各製造部門への実際配賦と予定配賦　95

本章のまとめ ……………………………………………………98

第Ⅳ編　原価の製品別計算

第8章　個別原価計算 ……103

本章の概要と学習目標 ……103

- 8-1　個別原価計算の意義と構造 ……103
- 8-2　個別原価計算の種類 ……104
- 8-3　製造指図書別原価計算表 ……104
  - 8-3-1　製造指図書と原価計算表　104
  - 8-3-2　単純個別原価計算における原価集計　106
  - 8-3-3　単純個別原価計算の勘定連絡　107
  - 8-3-4　部門別個別原価計算における原価集計　108
  - 8-3-5　部門別個別原価計算の勘定連絡　108
- 8-4　仕損費の計算と処理 ……110
  - 8-4-1　仕損品と仕損費　110
  - 8-4-2　仕損費の会計処理　111
- 8-5　作業屑の処理 ……113

本章のまとめ ……115

第9章　総合原価計算（Ⅰ） ……117

本章の概要と学習目標 ……117

- 9-1　総合原価計算の意義と種類 ……117
- 9-2　単純総合原価計算 ……118
  - 9-2-1　単純総合原価計算の手続き　118
  - 9-2-2　月末仕掛品原価の計算　119
- 9-3　減損および仕損 ……122
- 9-4　単純総合原価計算の記帳 ……129

本章のまとめ ……129

第10章　総合原価計算（Ⅱ） ……………………………………………131

　本章の概要と学習目標 ……………………………………………………131

　10-1　組別総合原価計算 ……………………………………………131

　　　10-1-1　組別総合原価計算の手続き　132

　10-2　等級別総合原価計算 …………………………………………135

　　　10-2-1　等価係数を完成品総合原価に適する方法　135

　　　10-2-2　等価係数を当月製造費用に適する方法　137

　10-3　工程別総合原価計算 …………………………………………140

　　　10-3-1　全原価要素工程別単純総合原価計算　140

　　　10-3-2　加工費工程別単純総合原価計算　144

　本章のまとめ ………………………………………………………………147

第11章　標準原価計算 …………………………………………………151

　本章の概要と学習目標 ……………………………………………………151

　11-1　標準原価計算の意義と目的 …………………………………151

　11-2　原価標準とは …………………………………………………153

　　　11-2-1　標準原価カード　153

　　　11-2-2　標準直接材料費　154

　　　11-2-3　標準直接労務費　154

　　　11-2-4　標準製造間接費　154

　11-3　標準原価の計算 ………………………………………………155

　　　11-3-1　標準原価の種類　155

　　　11-3-2　標準原価の算定　156

　11-4　原価差異の分析 ………………………………………………158

　　　11-4-1　直接材料費の差異分析　158

　　　11-4-2　直接労務費の差異分析　159

　　　11-4-3　製造間接費の差異分析　161

11-5　標準原価計算の勘定記入法 …………………………163
本章のまとめ ……………………………………………………164

終章　財務諸表作成の流れ
　　　　—工企業における財務諸表— …………………………167
本章の概要と学習目標 …………………………………………167
本章のまとめ ……………………………………………………178

問 題 解 答 …………………………………………………………179

索　　引 ……………………………………………………………189

テキスト使用上の注意

　本書では，つぎのとおり記号を使うことにする。

y : year	年
m: month	月
d : day	日
h : hour	時間
T : Transaction day	取引日
0 : Start Day	取引の開始日
F : Final Day	取引の終了日
@¥×××：at ¥×××	単価
g : gram	グラム
kwh : kilowatt-hour	キロワット時
m^2 : square meter	平方メートル
A : Asset	資産
L : Liability	負債
K : Kapital	資本（純資産の記号としても使う）

　なお，英語では資本を Capital という。Capital の頭文字 C を取ると Cost の C と間違えられる。したがって，ドイツ語にある Kapita の頭文字 K を取ることにする。

R : Revenue	収益
E : Expense	費用
C^p : Company	会社
C^p_0	会社の設立日
C^p_F	会社の解散日

本書では，一会計期間の期首と期末を記号で表すと，m_1/d_0 と m_{12}/d_F となる。したがって，一会計期間は，つぎのとおり示されることになる。

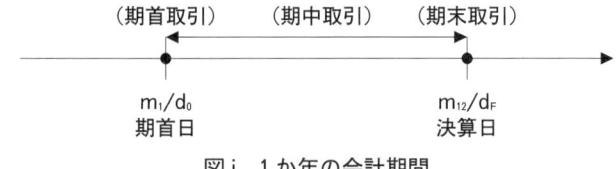

図 i 1か年の会計期間

y_n は当期を表す。したがって，y_{n-1} は前期，y_{n+1} は次期を表すことになる。

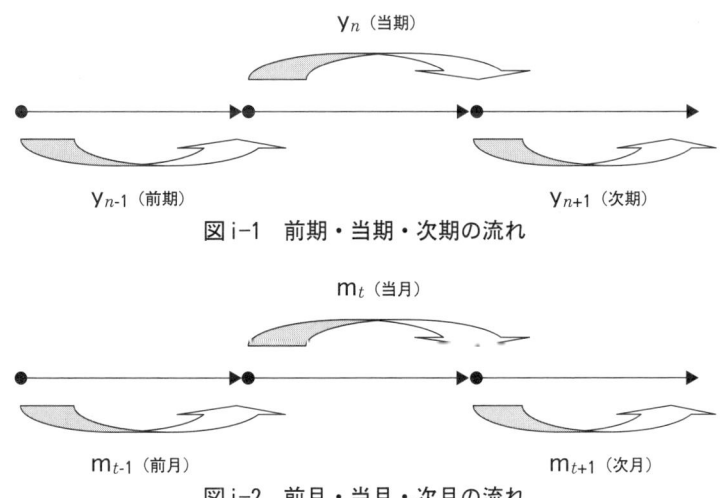

図 i-1 前期・当期・次期の流れ

図 i-2 前月・当月・次月の流れ

また，期中のある月を表すときは，m_t と記する。したがって，m_{t-1} は前月，m_{t+1} は次月を表すことになる。なお，m_t/d_l は，当月のある日を表す。

売買契約には，その契約期日がある。契約の開始日は T_0，決済日は T_F となる。

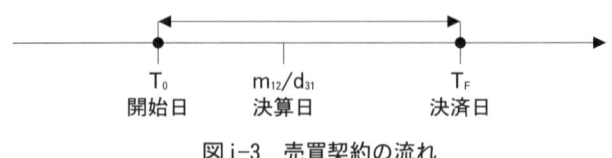

図 i-3　売買契約の流れ

本書では，ガラス製品を製造する工企業およびガラス製品を販売する商企業を取上げる。前者は㈱葛飾工業，後者は㈱石岡販売とする。また，㈱葛飾工業の取引銀行は上野銀行，㈱石岡販売の取引銀行は土浦銀行とする。

㈱葛飾工業は，ガラス製品のおもな要素であるガラス素材のケイ砂（石英の砂），溶剤の木炭，安定剤の酸化鉛，クリスタル用の鉛ガラスを㈱茶屋材料から購買し，クリスタル・グラス・ワインボトルなどのガラス製品を造り，㈱石岡販売に販売する。㈱石岡販売は，㈱葛飾工業から仕入れたガラス製品を消費者に販売する。上述の取引は，図で示すとつぎのとおりである。

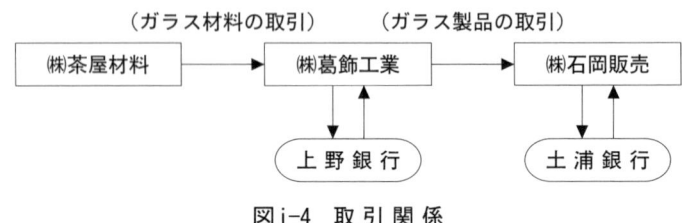

図 i-4　取引関係

なお，各章における図表で，実線は直接費の流れ，破線は間接費の流れを表すものとする。

工業簿記システム論

吉岡　正道
井岡　大度　編著
会田富士朗

序章 工業簿記の目的

本章の概要と学習目標

　工企業は、その製造活動を財貨・用役の流れとして把握する。財貨・用役を測る尺度は、個数、重さ、長さ、回数など多種・多様である。これらの多種・多様な尺度は、製造活動の側面から貨幣単位として一元的に捉えられる。したがって、工企業は、製造活動を表す共通の尺度として貨幣単位を用いている。

　工業簿記は、工企業の製造活動を記録して把握するための手段として考案された技法である。すなわち、工業簿記は、製造活動を貨幣単位に換える技法である。その目的は、工企業の製造活動の実態を貨幣単位で明らかにすることである。

　本章の学習目標は、技法としての工業簿記の仕組みを習得することである。なぜなら、工業簿記は、工企業の製造実態を写出す役割を担っている技法（テクノロジー）であるからである。

0-1　工業簿記の対象

0-1-1　製造事象

　工企業は、工企業の外部（仕入先）から財貨・用役（材料・労働力・機械・設備など）を購買し、工企業の内部で加工して製品を造り、当該製品を工企業の外部（売上先）に販売する。これらの財貨・用役は、工企業の外部から購買することで工企業に流入し（**フロー**）、工企業の内部に一時的に留まり（**ストッ**

ク），そして，製品の販売によって再び工企業の外部に流出する（**フロー**）（図表 0-1 参照）。購買および販売には，必ず対価の支払いおよび受取りを伴う。対価の支払いおよび受取りは，現金でおこなわれる場合もあれば現金以外の手段でおこなわれる場合もある。また，財貨が工企業の内部に留まっているときに，価値が下がることもある。この一連の流れが製造活動の循環である。つまり，製造活動を経済価値の変動として捉えることで，製造活動が工業簿記上の取引となる製造事象として認められる。

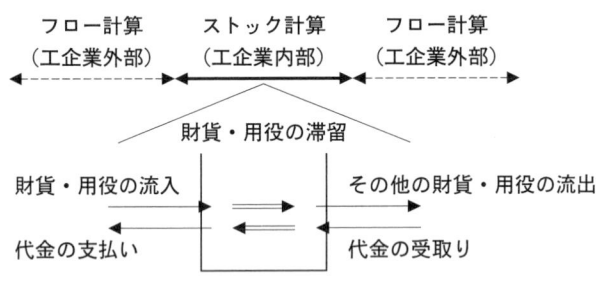

図表 0-1　財貨・用役のフロー・ストック計算

　ここで，ガラス製造の工企業を例として取上げて，財貨・用役の流れを説明する。ガラスを造る工企業は，ケイ砂，炭酸カリウム，酸化鉛などの材料を購買し，成型技術・装飾技術のある工員を採用し，機械・設備などを整え，ガラス製品を造り，売上先のガラス販売店に販売する。この工企業は，これらの材料の代金を仕入先に支払い，工員に賃金を支払い，機械，設備などを使ってガラス製品を造り，ガラス販売店に販売し，その代金を受取る。これらの製造活動は，貨幣単位によって記録されることで，初めて工業簿記上の取引となる製造事象として記録されることになる。

0-1-2　工業簿記の事象

　工企業は，財貨・用役を加工して製品を造り，販売する。**工業簿記**は，これらの製造活動を貨幣単位で把握する。すなわち，これらの製造活動によって生

ずる経済価値の創出を製造価値の変化として捉え，記録する技法である。したがって，**製造価値の変化**は，工業簿記という技法を使って工企業の簿記事象として写出される（図表 0-2 参照）。これらの事象は，一定の期間ごとに区切って集められ，財務諸表に総括される。この期間を会計期間，その初日を期首，その末日を期末という。

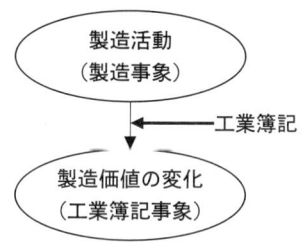

図表 0-2　製造事象から工業簿記事象への写像

0-1-3　工業簿記の原理

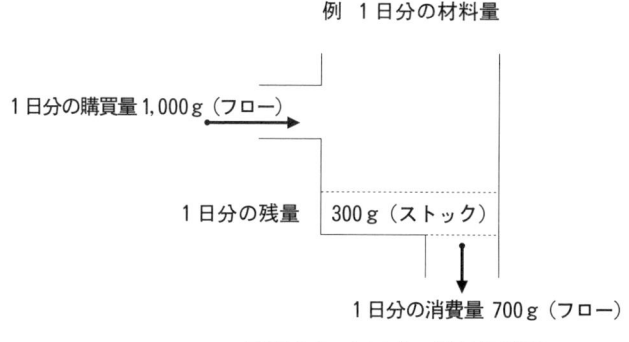

図表 0-3　1 日分の材料量計算

材料の残量は，つぎのとおり計算される。すなわち，材料の購買量と消費量の差として，材料の残量が計算される。例えば，ドラム缶に注ぎ込む 1 日分の材料量計算を取上げて，残量計算の仕組みをみることにする。

1 日分の購買量と消費量との差は，1,000－700＝300と計算される（図表 0-3 参照）。したがって，1 日の材料残量は300ｇとなる。

序章　工業簿記の目的

　上述の計算は，工業簿記のシステムによると，つぎのとおり貨幣単位で表される。すなわち，㈱葛飾工業は，ある日にガラス製品の材料であるケイ砂を￥100で購買し，その日の内に￥70を消費した。この取引から，㈱葛飾工業には，ある日の終わりに￥30のケイ砂が残ることになる。

　なお，算数では，1日分の材料残量をつぎのとおり重量単位で計算する。

　　　1,000－700＝300　　　（0－1）

　工業簿記では，左側と右側のバランスを計り，1日分の材料残量をつぎのとおり計算する。

　　　1,000＝700＋1日分の材料残量　　　（0－2）

　左側の購買量1,000gに対して，右側に消費量700gを置くことによって，結果的に（－700g）を示すことになる。そして，軽い右側に300gを足すことによって，1,000gと（700g＋300g）という左右のバランスが計られることになる。

　工業簿記には，**マイナスという概念**がない。したがって，反対側に記入することによって，結果的に引くことを意味する。このことをボックス型の形式で示すと，つぎのとおりになる。

（左側）　材　料　量　（右側）		（借方）　ケ　イ　砂　（貸方）	
購買量　1,000	消費量　700	購買高　100	消費高　70
	残　量　300		残　高　30
		100	100

　図表0-4　ボックス型による　　　　図表0-5　T型によるケイ砂
　　　　材料量（単位：g）　　　　　　　　　　（単位：円）

　材料量という集計場所で，材料の消費量を計算する。集計場所は，ボックス型の形式で示し，（左側）に購買量，（右側）に消費量を記入する（図表0-4参照）。したがって，材料残量は，（右側）のところに300gとして示される。

　ところが，T勘定は，取引を借方と貸方に記録・集計する単位である。この形式によると，**一重線**は上述の数値を集めることを示す。**二重線**は集計結果を

示し，これ以上の記入がないことを示す。

　上述の計算は，工業簿記システムとしてつぎのとおり貨幣単位で表される。すなわち，㈱葛飾工業は，材料量のボックス型の形式に相当するケイ砂のT勘定を用いると，（左側）の購買量1,000gに相当するケイ砂の購買量￥100を（借方）に記入し，（右側）の消費量700gに相当するケイ砂の消費量￥70を（貸方）に記入することになる（図表0-5参照）。したがって，（右側）の残量300gがケイ砂残高￥30に相当する。

0-2　工業簿記行為

0-2-1　認　　識

　工企業は，まず，工企業の外部から財貨・用役（材料・労働力・機械・設備など）を購買するときに，工企業の外部から工企業の内部への価値移転が生じる。つぎに，購買した財貨・用役を加工して製品を造るときに，工企業の内部で財貨・用役から製品へと価値移転が生じる。さらに，造られた製品を工企業の外部に販売するときに，工企業の内部から工企業の外部へと価値移転が生じる。これらの製造に関わる価値の移転によって，製造価値が生じる。つまり，工業簿記では，製造価値の変動事実が生じたときに認められる。その変動事実は，資産・負債・純資産（資本）および費用・収益のいずれかの定義を満たすことになる。

　製造価値の変動事実が生じ，後にその事実が変更される可能性が低いときに，その事実が認められる。このことを**実現規準**という。これに対し，製造価値の変動事実が生じているが，後にその事実が変更される可能性があるときに，その事実が認められる。このことを**蓋然規準**という。

　例えば，月次決算のときに，工企業は，原則として財貨・用役を消費したときにその消費を実現したものと認める。ところが，例外的に，工企業は，期中に製品が完成されるまでの見積費用を蓋然したものと認める。なぜなら，製品を

造るための製造価値の変動という事実は生じているが，期末に変更する可能性が高いからである。このときの取引日が m_t/d_l となり，工企業は m_t/d_l に蓋然費用として認める。なお，工企業は，月末に製品を造るために実際の費用を認める。したがって，このときが取引日（m_t/d_F）となり，工企業は実現費用として認め，月末までの見積費用と実際費用の差を認めることになる。

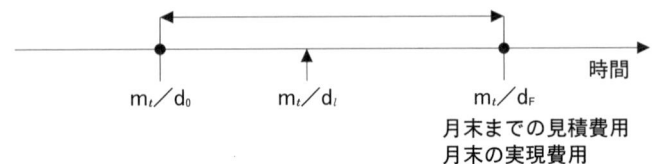

図表 0-6 製造価値の流れ

0-2-2 測　　定

工業簿記は，まず製造価値の変動事実を認め，つぎに変動額を測る。このことを**変動価値の測定**という。工企業は，他企業との取引時に取引価格が定められる。ところが，財貨・用役は，工企業の内部に滞留しているとき，製造活動に寄与する。すなわち，財貨・用役は，製品として造られる工程の中で消費される。このことで，製品への価値移転がおこなわれることになる。その後，製品として売上げられる。

製造工程中は，財貨・用役の価値移転を他企業との取引事実によって把握することができない。したがって，財貨・用役の流れという計算技法を通して把握される価値移転額を測ることになる。例えば，月次決算のときに，工企業は，原則として財貨・用役を消費したときにその消費額を測る。ところが，例外的に，工企業は，期中に製品が完成したときに，それまでの消費額を見積もる。なぜなら，製品を造るための消費額を合理的に見積もることができるからである。このときの取引日が m_t/d_l となり，工企業は m_t/d_l に合理的な見積額を測る。なお，工企業は，月末に製品を造るための実際の消費額を測る。したがって，このときが取引日（m_t/d_F）となり，工企業は実際の消費額を測り，

月末までの合理的な見積りの消費額と実際の消費額の差額を測ることになる。

0-3　工業簿記の計算構造

　工企業は，設立されると継続を前提として製造活動をおこなうことになる。したがって，製造活動を人為的に分断して，一会計期間の営業利益を計算することにする。なお，期末時に継続中の取引もありうる。

0-3-1　収 支 計 算

　工企業は，他企業との取引時に財貨・用役の代金として支払うこともあれば受取ることもある。支出は費用の基礎となる。また，収入は収益の基礎となる。

　工企業の設立日から解散日までの**支払全額**は，費用の全額と一致する（図表 0-7 参照）。ところが，期末に継続中の取引が分断されることもある。分断された取引では，当期末までの支出額と費用額が一致しない。

　他方，工企業の設立日から解散日までの**収入全額**は，収益の全額と一致する。しかし，期末に継続中の取引が分断されることもある。分断された取引では，当期末までの収入額と収益額が一致しない。上述のことを式で示すとつぎのとおりである。

　　　　全支出額＝全費用額　　　　（0－3）
　　　　期間支出額≠期間費用額　　（0－4）
　　　　全収入額＝全収益額　　　　（0－5）
　　　　期間収入額≠期間収益額　　（0－6）

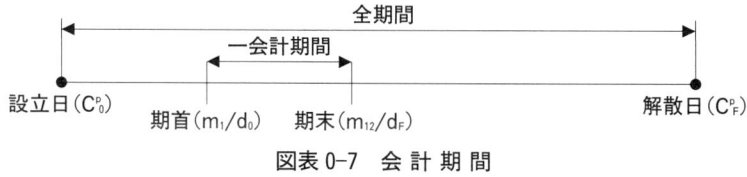

図表 0-7　会 計 期 間

0-3-2　取得原価計算

　工企業は，他企業の取引時に支払額および収入額を定める。とりわけ，支払額は，財貨・用役の**取得原価**として計上される。工企業の内部に滞留中の財貨・用役は，その原価を上限として，時の経過とともに減額されることもある。また，時の経過は，一会計期間ごとに区分される。期末に，取得原価は，消費された財貨・用役の部分と，未だに消費されていない財貨・用役の部分に分けられる。前者の消費済原価が当期の費用となる。後者の未消費原価は，残存簿価として次期に繰越されることになる。

本章のまとめ

　本章においては，工業簿記の目的について学習してきた。工業簿記は，工企業の製造活動を認識・測定・記録・表示する技法である。その結果は，製造原価報告書，損益計算書を中心とする財務諸表に総括される。これらの製造原価の情報は，工企業における製造原価の実態や経営成績を明らかにする役割を担っている。

　また，工業簿記は，貸借複記と勘定式による計算という特徴をもっている。まず，ある取引は，原因と結果という2つの側面から認められ，測られる。つぎに，当該取引が勘定の借方と貸方に記録される。したがって，借方の合計と貸方の合計が一致するという原理に基づいて，いずれか金額が小さい方に勘定残高が示されることとなる。

序章　工業簿記の目的

問題 0　工業簿記の目的について150字以内で記述しなさい。

●問題解答欄 0●

第 I 編

工業簿記のしくみ

第1章 工業簿記システムの本質

本章の概要と学習目標

商業簿記は，主として商品売買業，つまり，すでに完成している商品を仕入れ，外部に販売する経営活動を対象とする技法である。これに対し，工業簿記は，製造業，つまり，材料の仕入れ，製品の製造や販売といった活動をおこなう経営活動を対象とする技法である。本章では，商品売買業と製造業の経営活動を比べることにより，商業簿記にはみられない工業簿記の特質を取上げる。

本章の学習目標は，商業簿記と工業簿記の違いを理解し，工業簿記の全体の流れを習得することである。

1-1 工企業の特質

商企業（商品売買業）では，企業の外部から商品を仕入れ，これを企業の外部に販売する経営活動がおこなわれる。すなわち，購買活動や販売活動を通じて取引先企業と関わることになる。いわゆる，外部活動とよばれる経営活動である。

他方，工企業（製造業）では，企業の外部から材料，労働力などを購買して，製品を生産し，これらを企業の外部に販売する活動がおこなわれる。すなわち，工企業の経営活動は，購買活動と販売活動という外部活動のほか，製造活動という企業の内部でおこなわれる，いわゆる，**内部活動**もおこなわれる。

企業外部から商品・材料，労働力などを購買する購買活動と，企業の外部に

商品あるいは製品を販売する販売活動は，両者に共通した活動である。これに対し，製造活動は，工企業に特有な活動であり，製造活動に関する認識・測定・記録・表示がおこなわれる。この内部活動が商企業にはみられない工企業の特質である。

1-2 商業簿記と工業簿記

　商業簿記は，商企業に適する記帳のしくみである。これに対し，工業簿記は，工企業に適する記帳のしくみである。**商業簿記**とは，企業外部から購入した商品に利益を加えて販売する，おもな業務を記帳する方法をいう。つまり，企業外部との取引を中心に記録・集計がおこなわれる。これに対し，**工業簿記**とは，外部から購買した材料などを，自社の工場などにおいて加工し，完成した製品を販売する主要業務を記帳する方法をいう。しかるに，工業簿記では，企業の内部活動（製造活動）を内部取引として記帳し，製品を造るための費用（原価）の集計計算が中心となる。この原価を算出する手続きを「原価計算」という（図表 1-1 参照）。

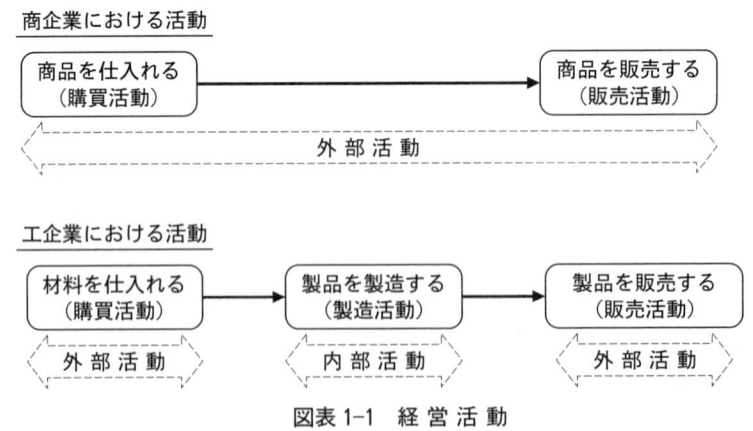

図表 1-1　経営活動

1-3　原価および原価計算

1-3-1　原価の意義

　工業簿記は，外部活動のほかに，内部活動についても記録しなければならない。この内部活動に関する記録，計算を「原価計算」という。**原価計算**とは，製品を造るにあたって，いわゆる，材料費，労務費，および経費の消費高を計算して，製品の製造に要した費用「製造原価」を算出することである。工業簿記では，原価計算を勘定組織と密接に結付けることが必要である。

　工業簿記における「**原価**」には，2つの意味があることに留意が必要である。ひとつは，製品を造るために要した費用で，いわゆる，「**製造原価**」といわれるものを指す。もうひとつは，「**総原価**」といわれるもので，製品の製造原価に，製品を販売するために要する費用（販売費）と，企業全般の管理のために要する費用（一般管理費）を加えたものをいう。原価計算では，通常「原価」といえば，前者の「製造原価」を指す。さらに，経営活動においては，上記のほかにも支払利息や固定資産売却損，火災損失，異常な状態を原因とする棚卸減耗費といった様々な費用が生じる。これらは，製品の製造，販売，および会社全般の管理に関わらない費用である。したがって，製造原価には含めない。このとおりの費用を**非原価項目**という。非原価項目については，『原価計算基準』5（一）〜（四）に挙げている。上記の他に，税法上損金算入されるもの，および利益処分に関するものも非原価項目であると定めている。

　なお，原価計算分野においては，「給付」という日常的にあまり使われない用語で原価を定めることがある。「給付」とは，製品とサービスを包含したあるプロセスからのアウトプットを指す。原価計算基準では，「原価」の本質を，「原価とは，経営における一定の給付にかかわらせて，は握された財貨又は用役（以下これを「財貨」という。）の消費を，貨幣価値的に表わしたものである。」と定める。さらに，以下のとおり基本的特質を4つ挙げている（『原価計算基準』3）。

17

① 経済価値の消費であること
② 一定の給付に転嫁されたものであること
③ 経営目的に関連したものであること
④ 正常的なものであること

1-3-2　原価要素の分類

製造原価は，複数の要素によって成されている。この原価を成す要素を**原価要素**といい，つぎのとおりに分類できる。

① **発生形態別による分類**

原価要素をその発生形態によって，材料費，労務費，および経費に分ける。

(a) **材料費**……材料などの物品の消費によって生ずる原価

（例：材料費，部品費，工場消耗品費，消耗器具備品費など）

(b) **労務費**……製品製造にかかる労働用役によって生ずる原価

（例：賃金，給料，従業員賞与，法定福利費など）

(c) **経　費**……材料費・労務費以外の製造にかかる原価

（例：外注加工費，工場減価償却費，工場の光熱費など）

② **製品との関連性による分類**

原価要素を製品との関連性に基づき，製造直接費と製造間接費に分ける。

(a) **製造直接費**

特定の製品を造るために消費したことが明らかで，その製品の原価として直接集計することが可能な原価要素をいう。

(b) **製造間接費**

特定の製品を造るためだけではなく，他の製品を造るためにも共通して消費され，特定の製品の原価として直接集計することができない原価要素をいう。

上記①と②を組合わせることにより，直接材料費，直接労働費，および直接経費ならびに間接材料費，間接労務費，および間接経費に分けることができる（図表 1-2 参照）。

				利　益	
			販売費及び一般管理費	総原価	販売価格
間接経費	製造間接費	製造原価			
間接労務費					
間接材料費					
直接経費	製造直接費				
直接労務費					
直接材料費					

図表 1-2　原価の構成要素

③　操業度との関連による分類

操業度との関連によって，固定費，変動費，準固定費，および準変動費に分ける。この操業度とは，一定の生産設備の利用度をいう。一定期間における製造数量，作業時間，機械運転時間などを指標として表される。

(a)　固　定　費

固定費とは，操業度の増減に拘わらず，常に一定額発生する原価要素をいう。例えば，減価償却費，賃借料，火災保険料などが挙げられる。

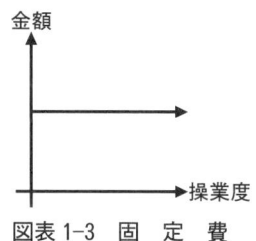

図表 1-3　固　定　費

(b) 変 動 費

変動費とは，操業度の増減に応じ，その発生額が比例的に増減する原価要素をいう。例えば，直接材料費，賃金などが挙げられる。

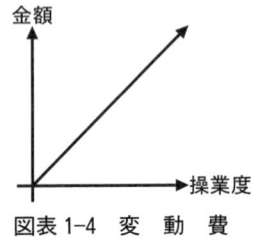

図表 1-4 変 動 費

(c) 準 固 定 費

準固定費とは，全体として階段状に増減する原価である。すなわち，ある一定の操業度の範囲内では，固定費と認められる。ところが，その範囲を超えると，再び増えた範囲内で固定費となる原価要素をいう。例えば，監督者の給料などが挙げられる。

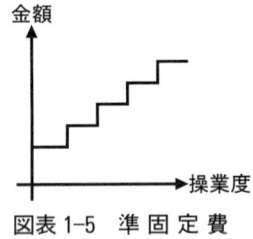

図表 1-5 準 固 定 費

(d) 準 変 動 費

準変動費とは，操業度がゼロの場合でも一定額が生じ，加えて操業度の増減に応じて比例的に変わる原価要素をいう。例えば，電気料，水道料，ガス代，電話代などが挙げられる。

図表 1-6　準 変 動 費

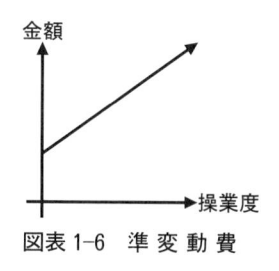

④　機能別分類

原価が，経営上のいかなる機能のために生じたかにより分けられる。原価管理上，重要な分類とされている。例えば，材料費は，主要材料費，修繕材料費，工場消耗品費などに分けられる。

1-3-3　原価計算制度上の原価の分類

原価計算制度は，財務諸表の作成，原価管理，予算統制などのそれぞれ異なる目的をともに達成するための一定の計算秩序である。この**原価計算制度**は，財務会計制度と有機的に結付き，常時継続的におこなわれる計算体系である。原価計算制度は，大別して実際原価計算制度と標準原価計算制度とに分類できる。

実際原価計算制度は，製品の実際原価を計算し，これを財務会計の主要帳簿に組入れる。すなわち，製品原価の計算と財務会計とが，実際原価をもって有機的に結合する原価計算制度をいう。これに対し，標準原価計算制度は，製品の標準原価を計算し，これを財務会計の主要帳簿に組入れる。すなわち，製品原価の計算と財務会計とが，標準原価をもって有機的に結合する原価計算制度をいう。標準原価計算制度は，必要な計算段階において実際原価を計算し，これと標準との差異を分析し，報告する計算体系である。工企業は，原価計算をおこなうにあたり，目的やさまざまな条件に応じて，実際原価計算制度または標準原価計算制度のいずれかを適することになる。これら原価計算制度における原価の分類は以下のとおりである。

① 製品原価と期間原価

製品原価とは，「製品単位」に原価要素を集めて算出する原価である。**期間原価**は，一定期間における発生額をその期間の収益と直接対応させることにより把握される原価である。

工企業において，材料を投入し，加工作業がおこなわれていく過程で，加工途中にある製品（**仕掛品**という）や完成した製品は，いったん原価として集められる。そして，実際にそれが販売された段階で売上原価として費用になる。製品原価と期間原価との範囲の区別は相対的である。通常は，販売品および棚卸資産の価額を構成する全部の製造原価を製品原価とする。販売費および一般管理費は期間原価とされる。

② 全部原価と部分原価

製品原価として集められる原価の範囲によって，全部原価と部分原価とに分けられる。

全部原価とは，一定の給付に対して生ずる全部の製造原価またはこれに販売費および一般管理費を加えて集めたものをいう。部分原価とは，そのうち一部分のみを集めたものをいう。**部分原価**は，計算目的に応じて各種のものを計算することができる。そのなかで，最も重要な部分原価は，変動費のみを集めた変動原価である。

③ 実際原価と標準原価

原価は，その消費量および価格の算定基準によって実際原価と標準原価とに分けられる。

実際原価とは，財貨の実際消費量をもって計算した原価をいう。ただし，その実際消費量は，経営の正常な状態を前提とするものである。異常な状態を原因とする異常な消費量は，実際原価の計算において，実際消費量と解さない。さらに，実際原価は，厳密には実際の取得価格をもって計算した原価の実際発生額である。たとえ原価を予定価格をもって計算しても，消費量を

実際に基づき計算する限り実際原価の計算とされる。**予定価格**とは，将来の一定期間における実際の取得価格を予想することによって定めた価格をいう。

標準原価とは，財貨の消費量を科学的，統計的調査に基づいて能率の尺度となるように予定し，かつ，予定価格または正常価格をもって計算した原価をいう。能率の尺度としての標準とは，その標準が適する期間において達成されるべき原価の目標を意味する。

標準原価として，実務上予定原価を指す場合がある。**予定原価**とは，将来における財貨の予定消費量と予定価格をもって計算した原価をいう。予定原価は，予算の編成に適するのみでなく，原価管理および棚卸資産価額の算定のためにも用いられる。

1-3-4 原価計算の目的

原価計算基準では，つぎのとおり目的が示されている（図表 1-7 参照）。

```
                  ┌─ 財務諸表作成の目的
                  ├─ 原価管理の目的
原価計算の目的 ───┤
                  ├─ 利益管理の目的
                  └─ その他の意思決定の目的
```

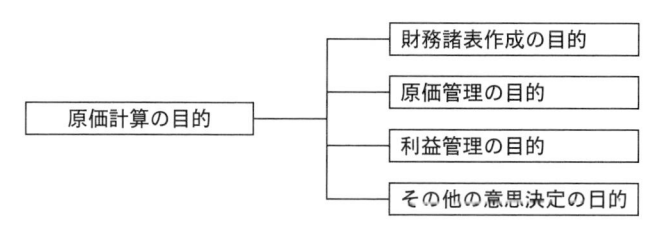

図表 1-7　原価計算の目的

財務諸表作成の目的：企業の出資者，債権者，経営者などのために，一定期間における損益ならびに期末における財政状態を財務諸表に表すために必要な真実の原価を集め，製品価格の算定に必要な原価資料を供する。

価格計算の目的：価格計算に必要な原価資料を供する。

原価管理の目的：原価低減のために必要な情報を供する。経営管理者の各階層に対し，原価管理に必要な原価資料を供する。工企業では，原価の標準を設け，実際の発生額を計算記録し，これを標準と比べて，その差異の原因を分析する。これに関する資料を経営管理者に報告し，原価能率を増進

する措置を講ずることを原価管理という。

利益管理の目的：工企業における予算の編成ならびに予算統制のために必要な原価資料を供する。利益計画のために用いられる損益分岐点分析などの利用や予算管理への原価情報を供する。予算とは，予算期間における企業の各業務分野の具体的な計画を貨幣的に表し，これを総合編成したものをいう。予算期間における企業の利益目標を示し，各業務分野の諸活動を整え，企業全般にわたる総合的管理のツールとなるものである。

その他の意思決定の目的：経営の基本計画を設けるにあたり，経営戦略に関する意思決定や設備投資に関する意思決定などのための適切な原価情報を供する。基本計画とは，経済の動態的変化に応じて，経営の給付目的たる製品，経営立地，生産設備などの経営構造に関する基本的事項について，経営意思を決める。また，経営構造を合理的に組成することをいい，随時的におこなわれる決定をいう。

1-3-5 原価計算の種類

原価計算は，つぎの視点によりそれぞれ分けられる。

① 財務会計との関係による分類
　(a) 原価計算制度……財務会計体系と有機的に結付き，常時継続的におこなわれる計算体系
　(b) 特殊原価調査……財務会計体系以外で，断続的・断片的に随時おこなわれる原価の統計的計算，調査

② 製品原価の構成内容による分類
　(a) 全部原価計算……すべての製造原価を製品原価とする計算方法
　(b) 直接原価計算……変動製造原価のみを製品原価とする計算方法

③ 生産形態による分類

(a) 個別原価計算……個別受注生産形態に適する計算方法
　　　　　　　　さらに，部門別計算の有無により，単純個別原価計算と部門別個別原価計算に細分される。
(b) 総合原価計算……継続的な大量生産形態に適する計算方法
　　　　　　　　さらに，単一種類の製品か複数種類の製品かにより，単純総合原価計算，等級別総合原価計算，組別総合原価計算などに細分される。

1-3-6　原価計算の手続き

原価計算の手続きは，つぎの 3 段階でおこなわれる（図表 1-8 参照）。

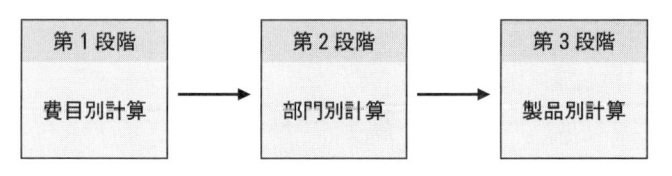

```
┌─────────┐     ┌─────────┐     ┌─────────┐
│ 第 1 段階 │     │ 第 2 段階 │     │ 第 3 段階 │
│         │ ──→ │         │ ──→ │         │
│ 費目別計算 │     │ 部門別計算 │     │ 製品別計算 │
└─────────┘     └─────────┘     └─────────┘
```

図表 1-8　原価計算の段階的手続き

第 1 段階（**費目別計算**）は，一定期間における原価の発生額（製品を造るために消費した原価要素）を原価の形態別（材料費・労務費・経費）に分類・集計する。

第 2 段階（**部門別計算**）は，それぞれ把握した原価要素を発生場所別に集め，原価部門（原価が生じた場所）ごとに分類・集計する。

第 3 段階（**製品別計算**）は，費目別および部門別計算を経て集計された各原価要素の消費額を，製品 1 単位ごとについて集め計算する（図表 1-9 参照）。

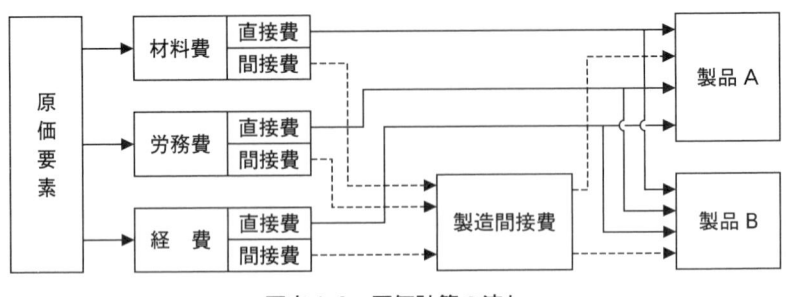

図表 1-9　原価計算の流れ

　原価計算にあたり，原価計算期間は，原価管理の目的から，なるべく短期間のほうが望ましいとされている。通常は1か月とされている。

本章のまとめ

　工業簿記とは，工企業でおこなわれる記帳方法をいう。工企業は，外部から購買した原材料などを自社の工場などにおいて加工し，完成した製品を販売することを主要業務としている。こうした製造活動に関する認識・測定・記録・表示がおこなわれる内部活動が，商企業にはみられない工企業の特質である。この内部活動に関する記録，計算を「原価計算」という。原価計算とは，製品を造るにあたって，いわゆる，材料費，労務費，および経費の消費高を計算して，製品の製造に要した費用「製造原価」を算出することである。
　本章では，商業簿記と工業簿記との違いを理解し，工企業の特質，原価の意義，および原価要素について学習してきた。また，原価計算について，その目的を理解し，さまざまな視点からの分類や原価を構成する要素や分類について詳しく学習してきた。

第1章 工業簿記システムの本質

問題1 工業簿記の特質について150字以内で記述しなさい。

●問題解答欄1●

第2章 工業簿記の勘定

本章の概要と学習目標

　材料を労働，設備・機械を使って加工し，製品を完成させるところに，いわゆる製造業の特質がある。工業簿記では，商業簿記で通常使われている勘定科目のほかに，製造に関する独特の勘定科目が使われる。経済的資源の消費が貨幣単位で記録されることも，工業簿記の特質である。

　本章の学習目標は，工業簿記で使われる独特の勘定科目を理解し，工業簿記の勘定組織と勘定連絡を習得することである。

2-1　工業簿記の勘定組織

　工業簿記は，企業外部との取引だけでなく，企業内部の製造活動（内部取引）を含む経営活動を認識・測定・記録・表示するものである。なお，経営活動のうち，製造活動における製品原価の計算技術として「原価計算」がおこなわれる。そこでは，製造活動に関して特有の勘定科目が設けられている。製品製造のために生じた原価は，仕掛品勘定（または製造勘定）に記入される。製品との関係が直接的でない原価は，**製造間接費**として製造間接費勘定に記入される。

　そして，製品ごとに振分けられ，合計額が仕掛品勘定に振替えられる。製造間接費勘定，仕掛品勘定などの特有の勘定およびそれら勘定への記入が，商業簿記にはない工業簿記の特質である。

2-1-1　工業簿記と製造プロセス

　例えば，㈱葛飾工業で生産するガラス工場では，ケイ砂などの材料を購入して，従業員が機械装置などを用いてガラス製品を加工組立し，㈱石岡販売に販売している。ガラス製品は，必要な材料などを仕入れ，工場で加工することによりできあがる。これを物の流れとしてみると，工場内では，材料→仕掛品→製品とかたちを変えていく。これは，物の流れとともに原価が生じていくことでもある。工業簿記では，この物の流れにあわせて生ずる原価を各種の帳簿や特有の勘定科目を用いて表していくのである。

2-1-2　物の流れと製造プロセス

　工場での実際の生産活動は，大きくつぎの3つのプロセスからなる。工業簿記では，各プロセスにあわせて勘定記入していくことになる（図表2-1参照）。

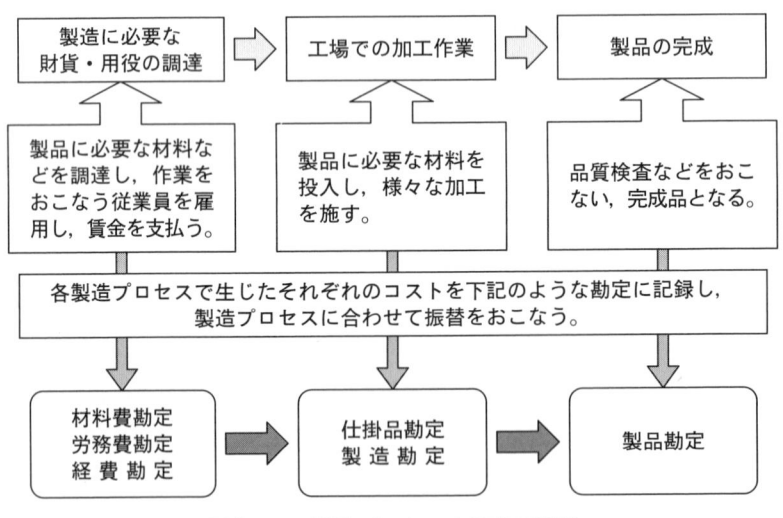

```
┌─────────────┐    ┌─────────────┐    ┌─────────────┐
│ 製造に必要な │ ⇒ │ 工場での加工 │ ⇒ │  製品の完成  │
│ 財貨・用役の │    │    作業      │    │              │
│    調達      │    │              │    │              │
└─────────────┘    └─────────────┘    └─────────────┘
        ⇑                   ⇑                   ⇑
┌─────────────┐    ┌─────────────┐    ┌─────────────┐
│製品に必要な材│    │製品に必要な材│    │品質検査などを│
│料などを調達し│    │料を投入し，様│    │おこない，完成│
│，作業をおこな│    │々な加工を施す│    │品となる。    │
│う従業員を雇用│    │。            │    │              │
│し，賃金を支払│    │              │    │              │
│う。          │    │              │    │              │
└─────────────┘    └─────────────┘    └─────────────┘

┌──────────────────────────────────────────────────┐
│ 各製造プロセスで生じたそれぞれのコストを下記のような │
│ 勘定に記録し，製造プロセスに合わせて振替をおこなう。 │
└──────────────────────────────────────────────────┘
        ⇓                   ⇓                   ⇓
┌─────────────┐    ┌─────────────┐    ┌─────────────┐
│  材料費勘定  │ ⇒ │  仕掛品勘定  │ ⇒ │   製品勘定   │
│  労務費勘定  │    │   製造勘定   │    │              │
│   経費勘定   │    │              │    │              │
└─────────────┘    └─────────────┘    └─────────────┘
```

図表 2-1　製造プロセスと勘定の関係

第2章　工業簿記の勘定

　工業簿記では、総勘定元帳のほかに補助簿が設けられる。補助簿は、取引明細を記録する帳簿（例えば、特殊仕訳帳）と総勘定元帳の主要科目の明細を記録する補助元帳とに大きく2つに分けられる。特殊仕訳帳には、材料仕入帳や給与支給帳などがある。また、補助元帳には、材料元帳、原価元帳、製品元帳などがある。

　工業簿記においては、上記の各帳簿を基に、「貸借対照表」と「損益計算書」の作成のほかに「**製造原価報告書**」が作られる。「製造原価報告書」とは、「損益計算書」の売上原価に記入される当期製品製造原価の内訳明細を示す報告書である（図表2-2参照）。

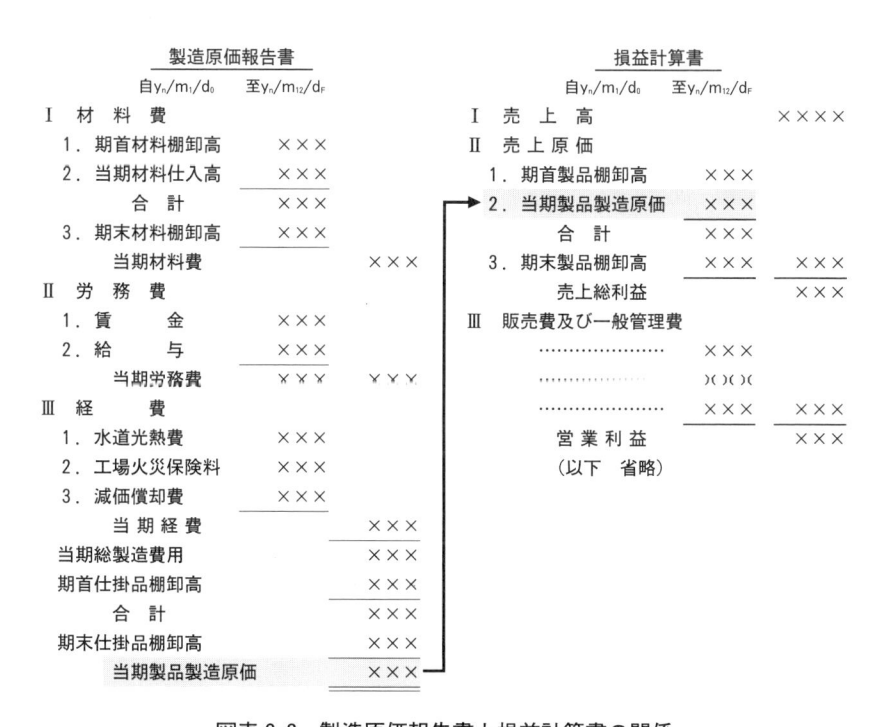

製造原価報告書
自 $y_n/m_1/d_0$　至 $y_n/m_{12}/d_F$

Ⅰ　材　料　費		
1．期首材料棚卸高	×××	
2．当期材料仕入高	×××	
合　　計	×××	
3．期末材料棚卸高	×××	
当期材料費		×××
Ⅱ　労　務　費		
1．賃　　　金	×××	
2．給　　　与	×××	
当期労務費	×××	×××
Ⅲ　経　　　費		
1．水道光熱費	×××	
2．工場火災保険料	×××	
3．減価償却費	×××	
当　期　経　費		×××
当期総製造費用		×××
期首仕掛品棚卸高		×××
合　　計		×××
期末仕掛品棚卸高		×××
当期製品製造原価		×××

損益計算書
自 $y_n/m_1/d_0$　至 $y_n/m_{12}/d_F$

Ⅰ　売　上　高		××××
Ⅱ　売　上　原　価		
1．期首製品棚卸高	×××	
2．当期製品製造原価	×××	
合　　計	×××	
3．期末製品棚卸高	×××	×××
売上総利益		×××
Ⅲ　販売費及び一般管理費		
……………	×××	
……………	×××	
……………	×××	×××
営　業　利　益		×××
（以下　省略）		

図表2-2　製造原価報告書と損益計算書の関係

2-2 原価の集計手続き

2-2-1 勘定連絡

　工業簿記における製造原価の計算のうち，実際原価計算における計算の流れをつぎに示す。原価計算は，費目別計算，部門別計算，および製品別計算の3つの流れで原価を分類・集計し計算される（図表2-3参照）。

　なお，原価計算にあたっての原価計算期間は，原価管理の目的から，なるべく短期間のほうが望ましい。通常は1か月とされている。

① **費目別計算**

　原価を形態別（材料費・労務費・経費）に分けして，さらに，それらを製造直接費（直接材料費・直接労務費・直接経費）と製造間接費（間接材料費・間接労務費・間接経費）に分け，それぞれの消費高を計算する手続きをいう。

② **部門別計算**

　費目別計算によって計算された原価，特に製造間接費をその発生場所別に分類・集計する手続きをいう。発生別場所とは，例えば，製品の製造を担う場所である製造部門や動力部門・修繕部門などの製造部門を補う補助部門などがある。

③ **製品別計算**

　部門別計算により集められた原価を製品ごとに集め，製品単位当りの製造原価を計算する手続きをいう。

第 2 章　工業簿記の勘定

[費目別計算]

材 料 費
| 前月繰越 | 当月消費 |
| 当月仕入 | 次月繰越 |

労 務 費
当月支払	前月未払
	当月消費
当月未払	

経 費
| 当月支払 | 当月消費 |

[部門別計算]

製造間接費
間接材料費	
間接労務費	
間接経費	

[製品別計算]

仕掛品 A
前月繰越	当月完成
製造直接費	
製造間接費	次月繰越

仕掛品 B
前月繰越	当月完成
製造直接費	
製造間接費	次月繰越

[製品別計算]

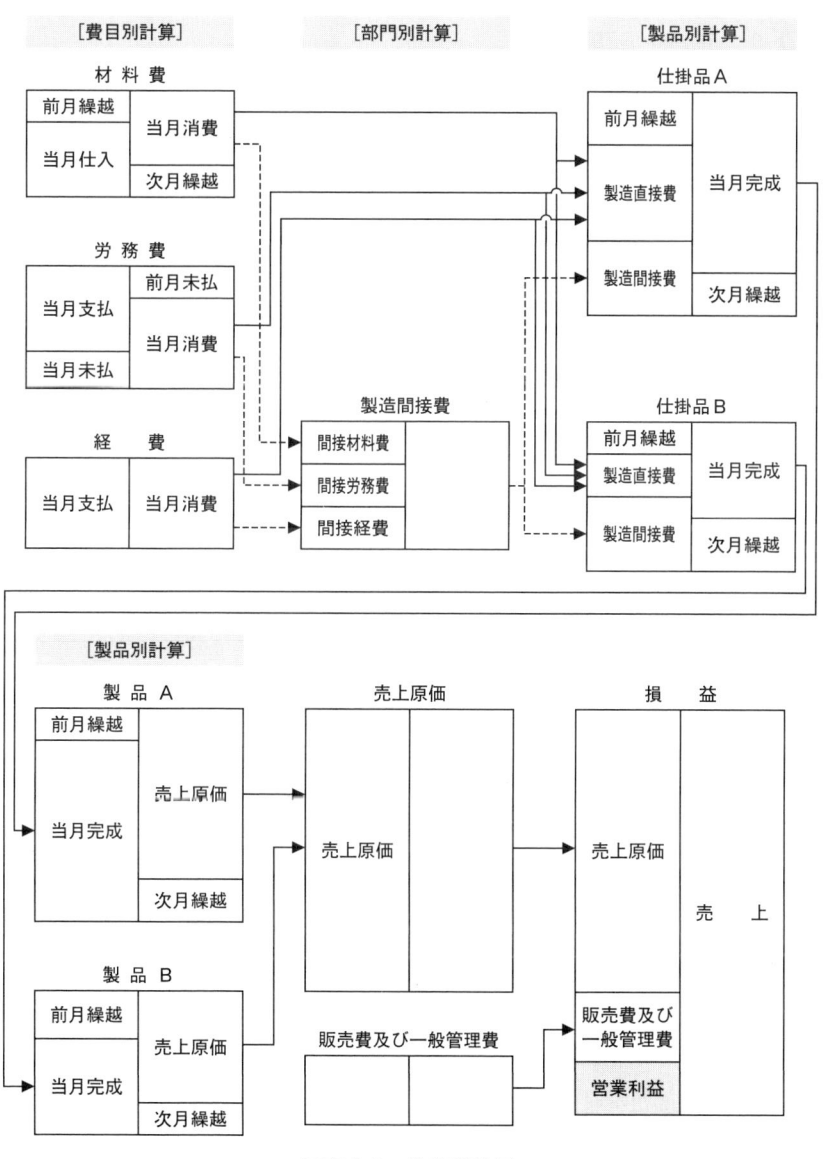

製 品 A
| 前月繰越 | 売上原価 |
| 当月完成 | 次月繰越 |

製 品 B
| 前月繰越 | 売上原価 |
| 当月完成 | 次月繰越 |

売上原価
| 売上原価 | |

販売費及び一般管理費
| | |

損　益
売上原価	売　　上
販売費及び一般管理費	
営業利益	

図表 2-3　勘定連絡図

2-2-2　直課と配賦

　製造直接費は，特定の製品を造るために消費したことが明らかであるから，特定の製品ごとに集められることになる。この手続きを「**直課**」あるいは「**賦課**」という。これに対し，製造間接費は，各製品に共通的にかかる原価であるため，その原価を一定の基準に従って各製品に割当てることになる。この手続きを「**配賦**」という。

　製造間接費は，それぞれの製品について共通的に生じ，特定の製品にいくらかかったかを直接には把握できない原価要素である。この製造間接費は，もともと特定の製品との直接的な関連はなく，どの製品にいくら原価を負わせればいいのかがわからない。しかし，製品製造のためには必要不可欠なものであり，正確な製品原価の計算のためには製造原価に加える必要がある。そこで，製造間接費と製品との間に間接的な関連付けをおこない，この関連付けに基づき製造間接費をそれぞれの製品に割当てるという手段をとる。このとおりに製造間接費を何らかの基準でそれぞれの製品に割当てることを「**配賦**」といい，配賦するための基準を「**配賦基準**」という。

2-2-3　予定配賦

　製造間接費の配賦においては，実際発生額および実際配賦基準の数値が必要になる。しかし，これらのデータは原価計算期末以降にならなければ判らない。このため，製品原価の把握が遅くなる。さらに，実際配賦率は，原価計算期間によって変わる。したがって，製品への製造間接費配賦額が影響を受け，製品原価が各期毎に変わるという不都合も生じてしまう。そこで，あらかじめ妥当と解される一定の配賦率を定めて，製造間接費の配賦額を計算することがある。あらかじめ定めた配賦率を予定配賦率という。予定配賦率を用いて配賦額を計算することを**予定配賦**という。予定配賦は，正常操業度を前提に算定した配賦率で計算することから**正常配賦**ともいわれる。

本章のまとめ

　工業簿記においては,「貸借対照表」,「損益計算書」のほかに商業簿記にはない「製造原価報告書」が作られる。「製造原価報告書」は, 当期において完成した製品に投入されたすべての原価要素の金額が合計されている。「製造原価報告書」の末尾には, 当期に完成した製品の製造原価が示される。そして, その金額が「損益計算書」の 売上原価 の内訳科目である当期製品製造原価に振替えられる。なお, 未完成の製品については「仕掛品」として翌期に繰越され, 加工され完成品となる。

　本章においては, 工業簿記特有の勘定科目およびそれらの勘定組織ならびに勘定の連絡について学習してきた。

問題2

つぎの勘定連絡図を完成させ，営業利益を求めなさい。

●問題解答欄2●

材料費	
2,000	( )
32,500	1,800

労務費	
19,000	2,000
1,000	( )

経費	
12,000	12,000

製造間接費	
1,500	
7,000	( )
7,000	

仕掛品（ガラス）	
12,000	
直接材料費 (30,000)	( )
直接労務費 (6,000)	
直接経費 (4,000)	
7,000	10,500

仕掛品（ビン）	
1,600	
( )	( )
( )	3,200

ガラス製品	
4,500	( )
( )	8,200

ビン製品	
5,000	( )
( )	2,300

売上原価	
( ) ( )	

販売費及び一般管理費	
13,000	13,000

損益	
( )	100,000
( )	
( )	

営業利益	

第II編 原価の費目別計算

第3章 材料費計算

本章の概要と学習目標

　製造原価は，発生形態別の分類により，材料費，労務費，および経費に分けられる。そのうちの材料費は，製品の製造のために財貨を消費することによって生ずる原価である。

　材料費は，さらに製品との関連により，直接材料費と間接材料費に分けられる。直接材料費は，特定の製品に跡付けることが可能な材料費である。また，間接材料費は，特定の製品に跡付けることが困難な材料費である。

　この材料費の計算は，製品原価を計算する上で，最初の段階である費目別計算としておこなわれる。通常，直接材料費として集められた原価は，仕掛品勘定に振替えられる。また，間接材料費として消費された原価は，製造間接費勘定に振替えられる。

　本章の学習目標は，材料費の概念とその計算方法について理解することである。計算方法については，材料購入における取得原価の計算と，消費材料の計算を習得することである。

3-1　材料費の定義と分類

　材料費とは，製造原価を発生形態別に分けるとき，製品の製造のために用いられた財貨を消費することによって生ずる原価のことである。

　なお，これらの材料費は，その形態によってつぎのとおりに細分される（『原価計算基準』8（一））。

① 素材費（または原料費）

② 買入部品費

③ 燃料費

④ 工場消耗品費

⑤ 消耗工具器具備品費

　また，機能別の分類において，材料費は，主要材料費，修繕材料費，補助材料費，工場消耗品費などに分けられる（『原価計算基準』8（二））。さらに，製品との関連による分類では，直接材料費と間接材料費に分けられる（『原価計算基準』8（三））。直接材料費には，主要材料費（原料費）と買入部品費がある。間接材料費には，補助材料費，工場消耗品費，および消耗工具器具備品費がある（『原価計算基準』10）。

3-2　材料費に関わる証憑および帳簿

　材料に関して，その購入と消費に関する記帳をおこなうために必要な証憑および帳簿がある。材料購入の際には，倉庫部門で材料の数量や品質のチェックをおこない，会計部門では送り状の金額をチェックする必要がある。そこで，**材料元帳**において，購入の際には受入欄に，また，出庫の際には払出欄に材料の数量，単価，および金額を記入する。このことで，材料費に関する情報を把握する（図表 3-1 参照）。

材 料 元 帳　　　　　　　　　　　（単位：円）

日付	摘要	受入			払出			残高		
		数量	単価	金額	数量	単価	金額	数量	単価	金額

図表 3-1　材 料 元 帳

第3章　材料費計算

まず，購入の際には，材料元帳の受入欄に材料の数量，単価，および金額を記入し，つぎのとおり仕訳がおこなわれる。なお，材料費勘定の代わりに材料勘定を使うこともある。

　　　（借）材　料　費　×××　（貸）買　掛　金　×××

つぎに，材料を倉庫から出庫し，工程に払出す際には，材料元帳の払出欄に材料の数量，単価，および金額を記入する。残りについては，残高欄に同様の記入をおこなう。

材料の消費価格の計算には，（1）先入先出法，（2）移動平均法，（3）総平均法などがある。**先入先出法**は，購入した順に従って（購入の早いものから）出庫をおこなうものとして処理する方法である。**移動平均法**は，購入の都度，平均単価を計算し直す。これに対し，**総平均法**は，原価計算期間全体における平均単価を使う方法である。これらの記帳方法について以下の例題で説明する。採る計算方法によって，原価計算期間における材料消費高が違ってくる。

例題 3-1　つぎの資料に基づき，材料の購入と出庫について（1）先入先出法，（2）移動平均法，（3）総平均法により，材料元帳を完成し，当月の材料消費高を計算しなさい。

資料：m_t/d_0　前月繰越　　100個　@¥120
　　　m_t/d_5　仕　　入　　200個　@¥150
　　　m_t/d_{12}　出　　庫　　150個
　　　m_t/d_{20}　仕　　入　　150個　@¥200
　　　m_t/d_{29}　出　　庫　　250個

● 例題解答 3-1 ●

(1) 先入先出法

材料元帳　　　　　　　　　　　　(単位：円)

日付		摘要	受入			払出			残高		
			数量	単価	金額	数量	単価	金額	数量	単価	金額
m_t	d_0	前月繰越	100	120	12,000				100	120	12,000
	d_5	購入	200	150	30,000				{100	120	12,000
									{200	150	30,000
	d_{12}	出庫				{100	120	12,000			
						{50	150	7,500	150	150	22,500
	d_{20}	購入	150	200	30,000				{150	150	22,500
									{150	200	30,000
	d_{29}	出庫				{150	150	22,500			
						{100	200	20,000	50	200	10,000
	d_F	次月繰越				50	200	10,000			
			450		72,000	450		72,000			
m_{t+1}	d_0	前月繰越	50	200	10,000				50	200	10,000

当月の材料消費高：¥62,000

m_t / d_{12}　12,000＋7,500＝¥19,500

m_t / d_{29}　22,500＋20,000＝¥42,500

先入先出法では，購入した順で消費していく。そのため，当月に出庫（消費）された材料は，m_t / d_{12} の ¥12,000（＝@¥120×100個）と ¥7,500（＝@¥150×50個），および m_t / d_{29} の ¥22,500（＝@¥150×150個）と ¥20,000（＝@¥200×100個）の合計 ¥62,000 となる。

(2) 移動平均法

材料元帳　　　　　　　　　　　　(単位：円)

日付		摘要	受入			払出			残高		
			数量	単価	金額	数量	単価	金額	数量	単価	金額
m_t	d_0	前月繰越	100	120	12,000				100	120	12,000
	d_5	購入	200	150	30,000				300	140	42,000
	d_{12}	出庫				150	140	21,000	150	140	21,000
	d_{20}	購入	150	200	30,000				300	170	51,000
	d_{29}	出庫				250	170	42,500	50	170	8,500
	d_F	次月繰越				50	170	8,500			
			450		72,000	450		72,000			
m_{t+1}	d_0	前月繰越	50	170	8,500				50	170	8,500

当月の材料消費高： ¥63,500

m_t / d_{12}　21,000

m_t / d_{29}　42,500

　移動平均法では，購入の都度，平均単価を計算し直すので，m_t / d_5の購入によりその時点で単価は@¥140と計算され，m_t / d_{12}の出庫は150個であるので¥21,000（＝@¥140×150個）となる。また，m_t / d_{20}の購入により単価は@¥170と計算され直し，m_t / d_{29}の出庫は250個であるので¥42,500（＝@¥170×250個）となる。そのため，当月に出庫（消費）された材料は，その合計¥63,500となる。

（3）総平均法

材料元帳　　　　　　　　　　（単位：円）

日付		摘要	受入			払出			残高		
			数量	単価	金額	数量	単価	金額	数量	単価	金額
m_t	d_0	前月繰越	100	120	12,000				100	120	12,000
	d_5	購入	200	150	30,000				300		
	d_{12}	出庫				150			150		
	d_{20}	購入	150	200	30,000				300		
	d_{29}	出庫				250			50		
	d_F	次月繰越				50	160	8,000			
			450	160	72,000	450		72,000			
m_{t+1}	d_0	前月繰越	50	160	8,000				50	160	8,000

当月の材料消費高：　¥64,000（＝@¥160×400個）

m_t / d_{12}　150個

m_t / d_{29}　250個　　合計400個

　総平均法では，原価計算期間全体で平均単価を計算する。当月における受入金額と受入個数は「受入」欄からそれぞれ¥72,000，450個であることが判る。そこから，@¥160が計算される。その上で，当月におけるm_t / d_{12}とm_t / d_{29}の払出個数400個を@¥160で出庫（消費）する。当月に出庫（消費）された材料は，その合計¥64,000（＝@¥160×400個）となる。

原価計算期間の期末においては，工程へ払出された材料のうち，当該原価計算期間の直接材料費は仕掛品勘定へ，間接材料費は製造間接費勘定へ振替える。この振替仕訳はつぎのとおりになる。

（借）仕　掛　品　　×××　　（貸）材　料　費　　×××
　　　製造間接費　　×××

この仕訳は勘定連絡図で示される（図表 3-2 参照）。

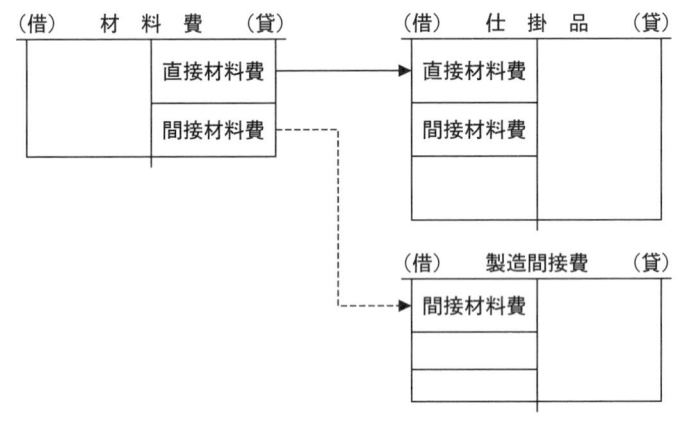

図表 3-2　材料費に関する勘定連絡図

例題 3-2

当月の材料費は，つぎのとおりであった。これに関する仕訳をしなさい。

直接材料費：¥1,000,000，間接材料費：¥800,000

●例題解答 3-2●

（借）仕　掛　品　　1,000,000　　（貸）材　料　費　　1,800,000
　　　製造間接費　　　800,000

3-3　材料費の計算

　材料費の計算は，大きく材料費勘定の借方である購入材料の計算と，貸方である消費材料の計算に分かれる。

　材料の**購入原価**は，材料を工程へ払出すことを可能にするまでに生じた原価であり，つぎの式で計算される。

　　　購入原価＝購入代価＋材料副費　　　（3－1）

　購入代価は，材料主費ともよばれ，送り状などに記載されている材料そのものの対価である。

　材料副費は，外部材料副費と内部材料副費に分けられる（『原価計算基準』11）。

　外部材料副費は，材料の引取りに関する費用で，企業の外部で生ずる副費を指す。具体的には，買入手数料，引取運賃，荷役費，保険料，関税などがある。内部材料副費は，材料引取後に生ずる費用で，企業の内部で生ずる副費を指す。具体的には，購入事務費，検収費，整理費，選別費，手入費，保管費などである。なお，内部材料副費を間接経費として処理する方法もある。

　また，材料副費は，実際発生額（実際価格）を用いる方法の他にも，予定配賦率を用いて計算する方法もある。これは，購入時に外部材料副費は把握できるが，内部材料副費は把握しきれない。したがって，予定される材料副費を予定される購入数量で除した予定配賦率により，予定配賦額を計算する。

　　　予定配賦率＝材料副費予定額÷予定購入数量　　　（3－2）

　この際の材料副費予定額には，すべての材料副費を用い一括した配賦率を計算する場合と，材料副費の種類別に個別の配賦率を計算する場合がある。

　予定配賦をおこなった際には，一般に差異が生ずるので，それを材料副費配賦差異勘定に振替える。

　また，購入原価を予定価格として用いる方法もあり，その際に生ずる差異は材料受入価格差異に振替える。

原価差異は，原則として当年度の売上原価に賦課する。もっとも，原価差異が多額の際には，売上原価と棚卸資産とに配賦する。なお，材料受入価格差異は，当年度の材料の払出高と期末在高に配賦する（『原価計算基準47』（一））。

一方，材料費勘定の貸方である消費材料の計算は，つぎのとおりにおこなう。

　　材料費＝消費単価×消費数量　　　(3-3)

消費単価の計算は，実際の単価と予定単価を用いる場合がある。なお，実際の単価を用いる方法では，個別法，先入先出法，移動平均法，総平均法などがある。予定単価を用いる方法では，原価差異として材料消費価格差異が生じることになる。

また，消費数量の計算には，継続記録法と棚卸計算法がある。なお，継続記録法とは，前述の材料元帳に記帳する方法である。

材料消費価格差異の勘定記入においては，つぎのとおりに処理をおこなう（『原価計算基準』45，47（一））。ただし，実際価格が予定価格よりも高かった場合には，材料消費価格差異（**借方差異，不利差異**）が生じる（図表 3-3 参照）。

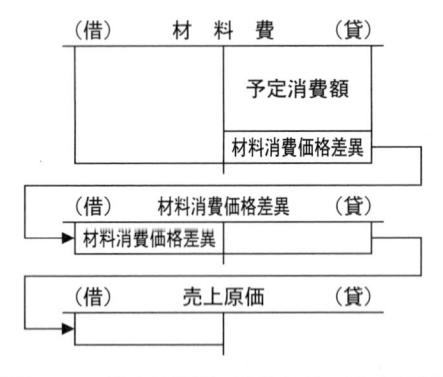

図表 3-3　勘定連絡図（実際価格＞予定価格）

（借）　材料消費価格差異　　×××　　（貸）　材　料　費　　×××
（借）　売　上　原　価　　×××　　（貸）　材料消費価格差異　　×××

材料消費価格差異については，原則として当年度の売上原価に賦課する。なお，比較的多額の差異が生じた場合には，売上原価と期末の棚卸資産に配賦することとする（『原価計算基準』47（一））。

一方で，実際価格が予定価格よりも低かった場合には，材料消費価格差異は（**貸方差異**，**有利差異**）となる。仕訳は，実際価格が予定価格よりも高かった場合と比べて，貸借が逆となる。ただし，処理方法などについては同様である。

消費数量の計算では，継続記録法を前提とし，期末において実地棚卸をおこなうことで，棚卸減耗を把握することができる。**棚卸減耗費**は，材料の保管中に生じる材料の滅失分のことである。

棚卸減耗は，正常な原因によるものと異常な原因によるものに分ける必要がある。正常な原因による棚卸減耗費は，原価性を有するので，製造原価の一部として間接経費で処理する。

（借）　棚 卸 減 耗 費　×××　　（貸）　材　　料　　費　×××
（借）　製 造 間 接 費　×××　　（貸）　棚 卸 減 耗 費　×××

一方，異常な原因による棚卸減耗費には原価性がないため，製造原価には加えず，営業外費用あるいは特別損失として処理する。

（借）　棚 卸 減 耗 費　×××　　（貸）　材　　料　　費　×××

例題 3-3　当月のガラス材料の月末在庫は，帳簿上¥20,000（＝＠¥200×100個）である。月末に棚卸を実施したところ，月末棚卸数量は95個であった。材料の棚卸減耗が正常な範囲であるとき，これに関する仕訳をしなさい。

●例題解答 3-3 ●

| （借）　棚 卸 減 耗 費 | 1,000 | （貸）　材　　料　　費 | 1,000 |
| （借）　製 造 間 接 費 | 1,000 | （貸）　棚 卸 減 耗 費 | 1,000 |

第Ⅱ編　原価の費目別計算

本章のまとめ

　本章では，材料費の概念とその計算方法について学習してきた。直接材料費は，製品に直接関連する原価であり，その金額を仕掛品勘定に振替える。また，間接材料費は，製品とは直接は関連しない原価であり，製造間接費勘定に振替えられる。そして，製造間接費は，各製品に配賦されるので仕掛品勘定に振替えられる。

問題 3　つぎの資料により，（1）から（3）の仕訳をおこないなさい。なお，㈱葛飾工業は，予定消費価格（@¥100）を用いている。また，消費価格の計算は，先入先出法でおこなうものとする。

資料：m_t/d_0　前月繰越　　　　50個　@¥99

　　　m_t/d_5　掛仕入　　　　　200個　@¥102

　　　m_t/d_{10}　出庫（直接材料）　150個

　　　m_t/d_{15}　掛仕入　　　　　80個　@¥101

　　　m_t/d_{20}　出庫（間接材料）　100個

（1）材料の購入時（m_t/d_5・m_t/d_{15}）の仕訳
（2）材料の消費時（m_t/d_{10}・m_t/d_{20}）の仕訳
（3）月次における材料消費価格差異の仕訳

●問題解答欄 3 ●

（1）　m_t/d_5：（借）　　　　　　　　　　　（貸）
　　　m_t/d_{15}：（借）　　　　　　　　　　（貸）

（2）　m_t/d_{10}：（借）　　　　　　　　　　（貸）
　　　m_t/d_{20}：（借）　　　　　　　　　　（貸）

（3）　m_t/d_F：（借）　　　　　　　　　　　（貸）
　　　　　　　：

第4章 労務費計算

本章の概要と学習目標

　製造原価は，発生形態別に分けると，材料費，労務費，および経費に分けられる。労務費は，製品の製造のために用役（労働力）を消費することによって生ずる原価である。

　労務費は，製品との関連による分類により直接労務費と間接労務費に分けられる。直接労務費は，直接工がおこなった直接作業に対する賃金によって計算される。間接労務費は，これ以外の労務費である。

　この労務費の計算は，製品原価を計算する上で，最初の段階である費目別計算としておこなわれる。通常，直接労務費は，仕掛品勘定に振替えられる。また，間接労務費として消費された原価は，製造間接費勘定に振替えられる。

　本章の学習目標は，労務費の概念およびその計算方法について理解することである。計算方法については，労働用役の購入である支払賃金の計算と，労働用役の消費である消費賃金の計算を習得することである。

4-1　労務費の定義と分類

　労務費とは，製造原価を発生形態別に分けるとき，製品の製造のために用役（労働力）を消費することによって生ずる原価のことである。

　なお，これらの労務費は，職種と支払形態によってつぎのとおり細分される（『原価計算基準』8（一））。

① **賃金**（基本給のほか割増賃金を含む）：工員の労働に対する給与である。支払い方法は，月給制の他に，時間給や出来高制などもある。なお，割増賃金は，加給金ともよばれ，作業に直接関わりのある手当を指す。具体的には，定時間外作業手当，危険手当などがある。

② **給料**：職員に対する給与である。支払い方法は月給制である。

③ **雑給**：臨時工，パート・タイマーなどに対する給与である。

④ **従業員賞与手当**：工員，職員に対する賞与・手当である。具体的には，賞与（ボーナス），扶養家族手当，通勤手当などを指す。

⑤ **退職給与引当金繰入額**：退職金に対する引当金繰入額である。

⑥ **福利費**（健康保険料負担金など）：社会保険料のうち工企業側の負担部分である。

なお，これらは，労働の対価である労務主費と，労働力を調達するために必要な労務副費とに分けられる。基本的には，**労務主費**は，基本給と加給金とからなる。上記の区分では，賃金，給料，雑給，および従業員賞与手当を指す。**労務副費**は，退職給与引当金繰入額と福利費を指す。

また，これら以外にも，従業員に関連する費用には，福利施設負担額や厚生費などが考えられる。なお，原価計算基準では，経費（間接経費）として取扱っている（『原価計算基準』10）。

つぎに，労務費を製品との関連による分類を示すと，労務費は，直接労務費と間接労務費に分類できる（『原価計算基準』8（三），10）。

直接労務費，間接労務費の説明の前に，直接工と間接工の理解が必要である。**直接工**は，製品の製造に直接携わる工員である。**間接工**は，製品の製造には直接携わらない工員である。工場には，その他に製造作業をおこなわない職員がいる。

直接労務費は，直接工が直接作業をした時間に対する賃金部分をいう。原価計算基準では，直接賃金と説明される。

間接労務費は，直接工の直接作業時間以外に対する賃金部分と間接工の賃金，職員の給与など，直接労務費以外の労務費が間接労務費となる。具体的には，

直接工の間接作業賃金，間接工賃金，手待賃金，休業賃金，給料，従業員賞与手当，退職給与引当金繰入額，および福利費を指す。

なお，これらの分類は，直接費と間接費による分類であるため，製品との関連による分類でもある。

4-2　労務費に関わる証憑および帳簿

労務費の計算において重要なのは，工員の作業内容とその時間の把握である。特に，賃金の計算においては，作業時間に賃率を乗じることで求められる。したがって，その原資となる記録が必要となる。例えば，出勤票や作業時間報告書の記録である。

その他には，間接工の賃金や職員の給料は，現金の要支払額をもって，労務費の計算をすることができる。だから，給与支給帳などによる月給額や各種手当の金額の記録が必要となる。なお，原価計算基準においては，直接賃金も当該原価計算期間の要支払額で計算することもできると定められている（『原価計算基準』12）。

以上の証憑から，給与計算期間における工員，職員の賃金，給料などを計算する。要支払額を計算した後，給料の支払日において，以下の仕訳をおこなう。

　　　　（借）賃　　　　金　×××　（貸）現 金 預 金　×××
　　　　　　　　　　　　　　　　　　　　預　り　金　×××

労働用役の消費にともない原価計算期間の期末において，当該原価計算期間の直接労務費は，仕掛品勘定へ振替える。また，間接労務費は，製造間接費勘定へ振替える。このため，以下の仕訳をおこなう（図表4-1参照）。

　　　　（借）仕　掛　品　×××　（貸）賃　　　　金　×××
　　　　　　　製造間接費　×××

第Ⅱ編　原価の費目別計算

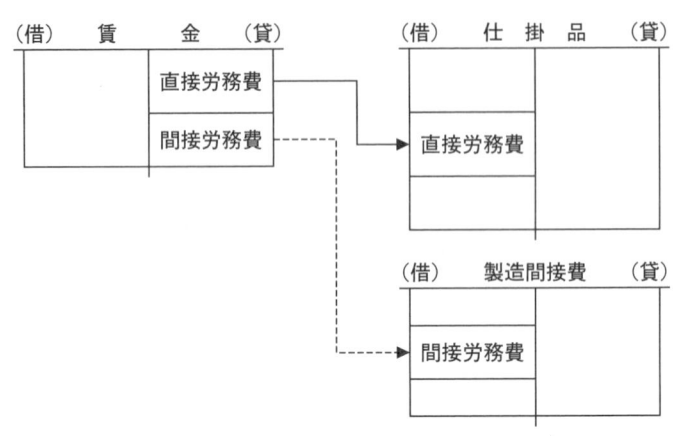

```
(借)    賃    金    (貸)
        直接労務費
        間接労務費

(借)      仕  掛  品      (貸)
        直接労務費

(借)    製造間接費    (貸)
        間接労務費
```

図表 4-1　労務費に関する勘定連絡

なお，給与の計算期間と原価計算期間は一致していない。このことが日常的におこなわれるため，注意が必要である（図表 4-2 参照）。

m_{t-1}/d_{21}　m_t/d_0　　　　　　　m_t/d_{20}　m_t/d_F

給与計算期間

原価計算期間

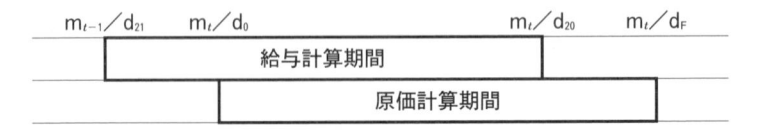

図表 4-2　給与計算期間と原価計算期間の違い

例題 4-1

当月の賃金および給料はつぎのとおりであった。これらの取引の仕訳をしなさい。なお，賃金は直接工の直接作業時間分である。

賃　　　金　¥1,200　　給　　　料　¥800

●例題解答 4-1●

(借)	仕　掛　品	1,200	(貸)	賃　　　金	1,200
(借)	製造間接費	800	(貸)	給　　　料	800

4-3　支払賃金の計算

賃金と**給料の支払額**は，以下のとおりに計算する。なお，支払額の計算には，給与計算期間における支払額を計算する必要がある。

　　支払賃金＝支払賃率×就業時間＋加給金　　　（4－1）
　　給与支払総額＝支払賃金＋諸手当　　（4－2）
　　現金支給額＝給与支払総額－社会保険料預り額－所得税預り額　　（4－3）

また，上記の支払賃金の計算は，時間給制の場合である。なお，出来高給制の場合には以下のとおりである。

　　支払賃金＝製品1単位当りの賃率×出来高＋加給金　　　（4－4）

例題 4-2

つぎの賃金支払帳を基に支払日（$m_t／d_{25}$）の仕訳をしなさい。

賃金支払帳　　　　　　　　　　　（単位：円）

氏名	総支給額			控除額			差引支給額
	基本給	諸手当	合計	所得税	保険料	合計	
花村夢太	2,000	400	2,400	200	200	400	2,000

●例題解答 4-2●

$m_t／d_{25}$：　（借）賃　　　　　金　　2,000　　（貸）現　金　預　金　　2,000
　　　　　　　　　　従業員諸手当　　　400　　　　　　所 得 税 預 り 金　　　200
　　　　　　　　　　　　　　　　　　　　　　　　　　　社会保険料預り金　　　200

4-4　消費賃金の計算

消費賃金の計算には，原価計算期間における賃金などの計算が必要となる。

直接工の賃金	直接労務費	間接労務費
間接工の賃金	間接労務費	
職　員　の　給　料	間接労務費	

図表 4-3　直接労務費と間接労務費の違い

まず，直接工の消費賃金の計算について説明をおこなう（図表 4-3 参照）。直接工の消費賃金は，以下のとおりに計算される。

$$消費賃金＝消費賃率×作業時間 \quad (4-5)$$

このときの消費賃率は，以下の式で計算される。

$$消費賃率＝\frac{基本給＋加給金}{総就業時間数} \quad (4-6)$$

ただし，分子にさらに諸手当を加え，消費賃率を計算することもある。また，**消費賃率**には，いくつかの種類がある（図表 4-4 参照）。

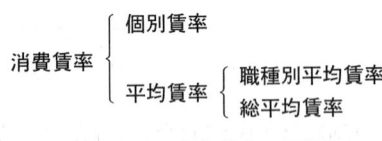

$$消費賃率\begin{cases}個別賃率\\平均賃率\begin{cases}職種別平均賃率\\総平均賃率\end{cases}\end{cases}$$

図表 4-4　消費賃率の種類

個別賃率は，直接工の個人別の賃率である。職種別は，同一職種の直接工の平均賃率である。総平均は，工場全体の直接工の**平均賃率**である。

また，それぞれの消費賃率には，実績値である**実際賃率**と予定値である予定賃率がそれぞれ考えられる。**予定賃率**を用いた場合には，原価計算期間中であっても労務費の把握ができるなどの利点が多い。ただし，**賃率差異**が生じることになる。なお，予定賃率を用いた場合については後述する。

つぎに，作業時間についての説明をおこなう（図表4-5参照）。

勤 務 時 間					
就 業 時 間					定時休憩時間 職場離脱時間
実 働 時 間				手 待 時 間	
直接作業時間		間接作業時間			
段 取 時 間	加 工 時 間				

図表4-5　時間の区分

消費賃率の計算においては，分母に**就業時間**を用いる。通常，出勤表には勤務時間が記録され，これが拘束時間となる。ここから消費賃金の対象とならない定時休憩，職場離脱時間を差引いたのが就業時間である。この就業時間は，大きく直接作業時間と間接作業・手待時間の2つに分けることができる。消費賃率に直接作業時間を乗じた金額が直接労務費となる。直接工であっても，直接作業をおこなっていない**間接作業時間**や**手待時間**に対する賃金は間接労務費となる。

間接工の消費賃金についても，本来は，直接工と同様の手続きで計算することが望ましい。なお，原価計算基準においては，要支払額をもって計算するとしている（『原価計算基準』12（三））。その際，問題となるのは，給与計算期間と原価計算期間が異なる点である。

そのため，給与計算期間の支払賃金は，以下の式で整え，当月の消費賃金を計算する（図表4-6参照）。

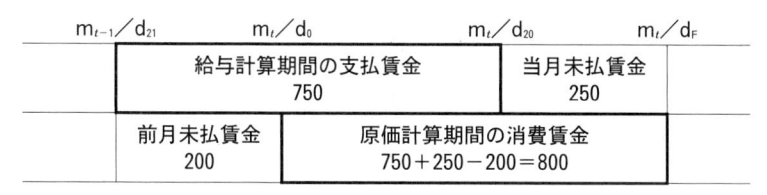

m_{t-1}/d_{21}	m_t/d_0	m_t/d_{20}	m_t/d_F
	給与計算期間の支払賃金 750		当月未払賃金 250
前月未払賃金 200	原価計算期間の消費賃金 $750+250-200=800$		

図表4-6　未払賃金と消費賃金の例

当月の消費賃金＝当月の支払賃金＋当月未払賃金－前月未払賃金（4－7）

このとき，以下のとおりに仕訳をおこなう。

m_t/d_0	：（借）未 払 賃 金	200	（貸）賃 　 金	200
m_t/d_{25}	：（借）賃 　 金	750	（貸）現 　 金	750
m_t/d_F	：（借）賃 　 金	250	（貸）未 払 賃 金	250

未払賃金勘定は経過勘定である。したがって，月末未払賃金額が未払賃金勘定へ振替えられ，繰越される。続く月初に再振替仕訳をおこない，賃金勘定に振戻される（図表4-7参照）。

なお，未払賃金勘定を設けず，労務費勘定で繰越す方法もある。

（借）	賃 　 金	（貸）	
当月支払額 （m_{t-1}/d_{21}～m_t/d_{20}）	750	前月未払額 （m_{t-1}/d_{21}～m_t/d_F）	200
当月未払額 （m_t/d_{21}～m_t/d_F）	250	当月消費額 （m_t/d_0～m_t/d_F）	800

図表4-7　未払賃金の例（賃金勘定）

勘定記入のとき，消費賃率について予定賃率を用いる場合には，賃率差異が生ずることになる。このため，つぎのとおり処理をおこなう（『原価計算基準』45，47（一））。なお，実際賃率が予定賃率よりも高かったときには，賃率差異（借方差異，不利差異）が生じる（図表4-8，4-9参照）。

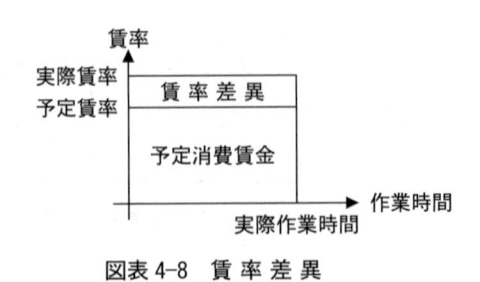

図表4-8　賃 率 差 異

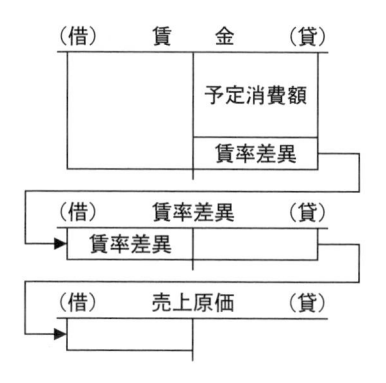

```
(借)    賃   金    (貸)
              ┌─────────────┐
              │  予定消費額  │
              ├─────────────┤
              │   賃率差異   │──┐
              └─────────────┘  │
   (借)   賃率差異   (貸)        │
  ┌→│   賃率差異   │            │←┘
  │ └─────────────┘
  │ (借)   売上原価   (貸)
  │ ┌─────────────┐
  └→│             │
    └─────────────┘
```

図表 4-9　賃率差異に関する勘定連絡

(借) 賃 率 差 異   ×××   (貸) 賃   金   ×××
(借) 売 上 原 価   ×××   (貸) 賃 率 差 異   ×××

賃率差異については，原則，会計年度末に，当年度の売上原価に賦課する。なお，比較的多額の差異が生じた場合には，売上原価と期末の棚卸資産に配賦することとする（『原価計算基準』47(一)）。

　実際賃率の方が予定賃率よりも低かったときには，賃率差異は貸方差異（有利差異）となる。仕訳は，実際賃率の方が予定賃率よりも高かったときとは反対に，貸借が逆になる。ただし，処理方法などについては同様である。

第Ⅱ編　原価の費目別計算

例題 4-3　間接工の労務費に関する資料は，以下のとおりである。月初（m_t/d_0）と月末（m_t/d_F）の仕訳をしなさい。なお，間接工の賃金は m_t/d_{25} に支払われる。

使う勘定科目：賃金，未払賃金，現金預金，預り金，従業員諸手当

資料1：間接工の賃金支払帳（給与計算期間：m_{t-1}/d_{21}〜m_t/d_{20}）

賃金支払帳　　　　　　　　　　　　　　（単位：円）

氏名	総支給額			控除額			差引支給額
	基本給	諸手当	合計	所得税	保険料	合計	
花村夢太	320	40	360	30	30	60	300

資料2：m_{t-1}/d_F の未払賃金は¥80であり，m_t/d_F の未払賃金は¥90であった。

資料3：間接工は，要支払額で消費額を計算する。なお，従業員諸手当¥40は，当月の要支払額と同額である。

●例題解答 4-3●

m_t/d_0：	(借)	未払賃金		80	(貸)	賃金		80
m_t/d_{25}：	(借)	賃金		320	(貸)	現金預金		300
		従業員諸手当		40		預り金		60
m_t/d_F：	(借)	製造間接費		370	(貸)	賃金		370
	(借)	賃金		90	(貸)	未払賃金		90

本章のまとめ

本章においては，労務費の概念とその計算方法について学習してきた。直接労務費は，直接工の直接作業時間に対する賃金であり，その金額を仕掛品勘定に振替える。間接労務費は，直接工の直接作業時間以外の賃金，間接工の賃金，職員の給料である。したがって，間接労務費は，製造間接費勘定に振替えられる。その後，製造間接費を各製品に配賦されることで，仕掛品勘定に振替えられる。

第4章 労務費計算

問題4

㈱葛飾工業の直接工の労務費に関する資料は，以下のとおりである。月初（m_t/d_0），賃金支払日（m_t/d_{25}），および月末（m_t/d_F）の仕訳をしなさい。

使う勘定科目：賃金・手当，未払賃金，現金預金，預り金，賃率差異

資料1：直接工の賃金支払帳（給与計算期間：m_{t-1}/d_{21}～m_t/d_{20}）

賃金支払帳 （単位：円）

氏名	総支給額			控除額			差引支給額
	基本給	諸手当	合計	所得税	保険料	合計	
花村夢太	11,000	1,700	12,700	1,500	1,200	2,700	10,000

資料2：直接工の作業時間票

	m_{t-1}/d_{21}～m_{t-1}/d_F	m_t/d_1～m_t/d_{20}	m_t/d_{21}～m_t/d_F
直接作業時間	300	600	320
間接・手待時間	50	110	50
就業時間	350	710	370

資料3：直接工の予定平均賃率算定に関するデータはつぎのとおりである。

　年間基本給予算額：¥100,000

　年間加給金予算額：¥ 20,000

　年間総就業時間数：　10,000h

●問題解答欄4●

m_t/d_0：（借）未払賃金　4,200　　　　（貸）賃金・手当　4,200

m_t/d_{25}：（借）賃金・手当　12,700　　（貸）現金預金　10,000
　　　　　　　　　　　　　　　　　　　　　預り金　　2,700

m_t/d_F：（借）賃金・手当　4,440　　　（貸）未払賃金　4,440

　　　　　（借）仕掛品　　　11,040　　　（貸）賃金・手当　12,940
　　　　　（借）製造間接費　 1,920　　　（貸）賃率差異　　　　20

第5章 経費計算

本章の概要と学習目標

　費目別計算における経費とは，材料費と労務費以外の原価要素である。その発生は，製品に直接認識できるか否かにより，さらに直接経費と間接経費に分けられる。経費のほとんどは間接経費である。経費は，消費高の計算方法により，支払経費，測定経費，月割経費，および発生経費に分けられ，測定（計算）されることになる。経費を記帳するのに，経費支払表，経費測定表，経費月割表，経費発生表，経費仕訳帳などの証憑および帳簿が使われる。

　本章の学習目標は，経費の概念を理解し，経費の測定方法および経費の記帳方法を習得することである。

5-1　経費の定義と分類

　経費は，広い意味では経営活動をするためにかかる費用となる。なお，製造原価における経費は「材料費，労務費以外の原価要素」であると定められる（『原価計算基準』8（一））。一方，同基準において「材料費とは物品の消費によって生ずる原価」，「労務費とは労働用役の消費によって生ずる原価」，と定められている。

5-1-1　形態別（費目別）による分類

　費目別計算において，原価要素は，原則として形態別分類を基礎とする。

それに従い，経費は以下のとおりに分類できる。
① **外注加工費**：外部業者に製造・加工を依頼した場合にかかる費用
② **特許権使用料**：製品を造るにあたり，特定の工企業が保有する特許を使う際に支払う費用
③ **仕 損 費**：加工に失敗し，仕損品の発生により生ずる費用
④ **旅費交通費**：出張にかかる旅費，宿泊費，交通費など
⑤ **修 繕 料**：工場建物の修繕や製造機械の補修費用
⑥ **保 険 料**：工場建物，設備などにかかる火災保険料
⑦ **減価償却費**：工場建物や設備などにかかる減価償却費
⑧ **電 力 料**：工場で使われる電力料金
⑨ **棚卸減耗費**：材料など帳簿棚卸高と実地棚卸高の差額

その他，通信費，福利施設負担額，厚生費，賃借料，ガス代，水道料，租税公課，保管料，雑費なども経費に含まれる。

5-1-2　製品との関連による分類

経費は，製品との関わりで直接経費と間接経費に分ける。外注加工費や特許権使用料，設計費，一部の仕損費などは，特定の製品を造るために直接消費される。これらの消費は**直接経費**である。それ以外の経費のうち，大多数のものは，多くの製品に共通して消費される。これらの消費を**間接経費**という。

5-1-3　経費消費高の計算方法による分類

① **支 払 経 費**：支払伝票や支払請求書に記載された支払高に基づき，消費高が算定される。
② **測 定 経 費**：計器によって当月の消費量が計測され，それに単価を乗じて，消費高が算定される。
③ **月 割 経 費**：数か月まとめて支払われる金額や会計期間を単位に計上される金額を月割計算して，消費高が算定される。
④ **発 生 経 費**：当月の発生高を消費高とする。

第5章 経費計算

経費の分類	間接経費	直接経費
支払経費	旅費交通費, 通信費, 修繕費, 保管料, 福利施設負担額, 雑費など	外注加工費, 設計費, 特許権使用料など
測定経費	電力料, ガス代, 水道料など	
月割経費	賃借料, 減価償却費, 保険料, 租税公課など	
発生経費	仕損費, 棚卸減耗費など	仕損費など

図表 5-1　経費の分類

5-2　経費に関わる証憑および帳簿

支払経費, 測定経費, 月割経費, および発生経費は, それぞれ, ①**経費支払表**（図表 5-2 参照），②**経費測定表**（図表 5-3 参照），③**経費月割表**（図表 5-4 参照），④**経費発生表**（図表 5-5 参照）に記入される。

そして，原価計算期末に，原価計算係は，これらの表から経費の集計を求める。その合計金額は，経費の消費明細を明記する帳簿である「経費仕訳帳」（図表 5-6 参照）の貸方に記入される。さらに，直接経費は借方の仕掛品（製造）欄に，間接経費は製造間接費欄に記入される。

経費支払表　No._____
月分
年　月　日

費目	当月支払高	前月 前払高	前月 未払高	当月 前払高	当月 未払高	当月消費高
備考						

図表 5-2　経費支払表

経費測定表					No.____
月分					
				年　月　日	
費　目	前月末検針	当月末検針	当月消費量	単　価	金　額
備　考					

図表 5-3　経費測定表

経費月割表					No.____
月分					
				年　月　日	
費　目	金　額	月　割　額			
		4月	5月	6月	…　　3月
備　考					

図表 5-4　経費月割表

経費発生表					No.____
月分					
				年　月　日	
費　目	部　門	品　名	数　量	単　価	金　額
備　考					

図表 5-5　経費発生表

経費仕訳帳

日付	経費分類	費目	借方		貸方
			製造	製造間接費	
	支払経費 測定経費 月割経費 発生経費				
備考					

図表 5-6　経費仕訳帳

5-3　経費消費高の計算

5-3-1　支払経費の計算

多くの場合，経費の支払期間や請求期間は，原価計算期間と一致しない。したがって，原価計算期間に対応する消費高は，次式のとおりに当月の支払高に前払と未払を加減して消費高を算定する。

① 前月前払・当月支払・当月前払が存在する場合

前月前払高	当月消費高
当月支払高	当月前払高

当月消費高＝前月前払高＋当月支払高－当月前払高　　（5－1）

② 前月未払・当月支払・当月未払が存在する場合

当月支払高	前月未払高
当月未払高	当月消費高

当月消費高＝当月支払高＋当月未払高－前月未払高　　（5－2）

③ 前月前払・未払と当月前払・未払が混在する場合

前月前払高	前月未払高
当月支払高	当月消費高
当月未払高	当月前払高

当月消費高＝前月前払高＋当月支払高＋当月未払高
　　　　　－（前月未払高＋当月前払高）　　（5－3）

例題 5-1　つぎの資料に基づき，経費各費目の当月消費高を計算しなさい。

費　目	内　　　容
外注加工費	当月支払高　¥62,000　　前月未払高　¥15,000 当月未払高　¥ 5,000
通　信　費	当月支払高　¥17,500　　前月前払高　¥ 1,200 当月前払高　¥ 4,100
電　気　料	当月測定額　¥54,000　　当月支払額　¥57,500
減価償却費	年間計上額　¥90,000
棚卸減耗費	材料帳簿棚卸高　¥48,000　　材料実地棚卸高　¥46,300

●例題解答 5-1 ●

費　目	外注加工費	通信費	電気料	減価償却費	棚卸減耗費
当月消費高	¥52,000	¥14,600	¥54,000	¥7,500	¥1,700

注：外注加工費＝62,000－15,000＋5,000＝¥52,000
　　通　信　費＝17,500＋1,200－4,100＝¥14,600
　　電　気　料＝¥54,000
　　減価償却費＝¥90,000÷12か月＝¥7,500
　　棚卸減耗費＝48,000－46,300＝¥1,700

5-3-2 測定経費の計算

測定経費は,メーターなどで計測された額を消費高とする。したがって,消費高は次式になる。

　　当月消費高＝メーターなどで計測された当月の消費量×単価　　（5－4）

5-3-3 月割経費の計算

月割経費は支払高を月割りに応じて,消費高が算定される。

　　当月消費高＝数か月の支払高÷支払月数　　（5－5）

または,

　　当月消費高＝1年分の計上高÷12か月　　（5－6）

5-3-4 発生経費の計算

発生経費は,当月の生産活動に伴い,実際に生じたものである。したがって,そのまま消費高となる。例えば,棚卸減耗費の場合,月末帳簿棚卸高と実地棚卸高の差額が消費高となる。

例題 5-2

例題 5-1 で求めた経費費目の当月消費高を仕掛品勘定および製造間接費勘定へ振替える仕訳をしなさい。

経費仕訳帳

日付	経費分類	費目	借方 仕掛品	借方 製造間接費	貸方
	支払経費	外注加工費	52,000		52,000
		通信費		14,600	14,600
	測定経費	電気料		54,000	54,000
	月割経費	減価償却費		7,500	7,500
	発生経費	棚卸減耗費		1,700	1,700
			52,000	77,800	129,800

●例題解答 5-2●

m_r / d_F：(借) 仕 掛 品　　52,000　　(貸) 外注加工費　52,000
　　　　　　　　　製造間接費　77,800　　　　通 信 費　14,600
　　　　　　　　　　　　　　　　　　　　　　電 気 料　54,000
　　　　　　　　　　　　　　　　　　　　　　減価償却費　 7,500
　　　　　　　　　　　　　　　　　　　　　　棚卸減耗費　 1,700

本章のまとめ

　本章において費目別計算における経費とは，材料費と労務費以外の原価要素である。かつ，製品に直接跡付けることができるか否かによって，直接経費と間接経費に分けられることを学習してきた。また，経費の消費高の把握は，測定方法により，支払経費，測定経費，月割経費，および発生経費の4種類に分けられる。そして，経費の消費高は，経費支払表，経費測定表，経費月割表，経費発生表，および経費仕訳帳などの証憑および帳簿により計算される。

問題 5

つぎの資料に基づいて，経費仕訳帳の（　）内に必要な記入をおこないなさい。

費　目	内　容
電　気　料	当月支払額　¥4,200　当月測定額　¥4,450
修　繕　費	前月未払額　¥2,100　当月支払額　¥7,500　当月未払額　¥500
保　険　料	年間支払額　¥48,000
外 注 加 工 費	製品200個　面取り代　@¥30
減 価 償 却 費	年間予定総額　¥66,000
事務用消耗品費	月初棚卸高　¥500　当月購入高　¥1,500　月末棚卸高　¥300

●問題解答欄 5●

経費仕訳帳

日付	経費分類	費　目	借方 仕掛品	借方 製造間接費	貸　方
	支払経費	(外注加工費)	(6,000)		(6,000)
		(修繕費)		(5,900)	(5,900)
	測定経費	電気料		(4,450)	(4,450)
	月割経費	減価償却費		(5,500)	(5,500)
		(保険料)		(4,000)	(4,000)
	発生経費	(事務用消耗品費)		(1,700)	(1,700)
			(6,000)	(21,550)	(27,550)

第6章 製造間接費計算

本章の概要と学習目標

　製造間接費計算は，費目別（要素別）計算，部門費計算（部門別計算），さらに製品別計算という3段階の原価計算の手続きにおける要素別原価計算に位置づけられる。そして，製造間接費計算は，製造間接費という原価要素に関して，その発生を如何に認め，どのように測るかという手続きである。

　本章の学習目標は，製造間接費とはどのようなものであり，その製造間接費を各原価部門でどのように認め・測り，各製品に如何に集めるかを習得することである。

6-1　製造間接費の定義と計算構造

6-1-1　製造間接費とは

　原価は，製品との関連による分類から直接費と間接費に分けられる。したがって，製造原価についても，その消費が製品に跡付けることができる製造直接費（直接材料費，直接労務費，および直接経費）と，その消費が製品に跡付けることができない**製造間接費**に2分される。なお，原価の形態別分類との関連から，製造間接費は，間接材料費，間接労務費，および間接経費からなる（図表6-1参照）。

```
                    ┌ 材料費 ┤ 直接材料費 ├→ 製造直接費
                    │        └ 間接材料費 ┐
          製造原価 ┤ 労務費 ┤ 直接労務費 ├→ 製造間接費
                    │        └ 間接労務費 ┐
                    └ 経 費 ┤ 直 接 経 費 │
                             └ 間 接 経 費 ┘
```

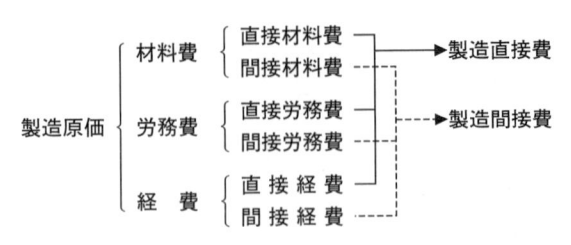

図表 6-1　製造間接費と形態別分類

6-1-2　製造間接費の計算構造

　直接材料費や直接労務費のような製造直接費は，消費価格と製品に跡付けられた消費数量の積によって計算され，製品勘定に集計される。このことを製品に直課（直接的に賦課）するという。これに対し，製造間接費は，製造直接費と異なり，その消費を製品に跡付けることができない。このことから，何らかの合理的と考えられる基準に基づき製品勘定にその原価を集める。これを配賦基準に基づき配賦するという。なお，製造間接費の管理は，基本的に部門別の管理を前提とする。

　製造間接費を製品に配賦するにあたっては，部門別原価計算を前提とするか否かにより大きく 2 つに分けられる。すなわち，製造間接費の部門別原価計算をおこなわず，工場全体で単一の配賦基準により製品に配賦する一括配賦（総括配賦）と，製造間接費の部門別原価計算を前提とし，工場の部門ごとに集められた製造間接費を製品に配賦する部門別配賦に分けられる。

　製造間接費を記帳する際は，出庫票，作業時間報告書，支払伝票，月割計算表などの証憑に基づき製造間接費元帳，材料仕訳帳，賃金仕訳帳，および経費仕訳帳に記入がなされる。

6-2　製造間接費の配賦基準と配賦方法

6-2-1　製造間接費の配賦基準

製造間接費の配賦基準には，製造間接費の発生に最も関連のあると考えられる配賦基準を選ぶ必要がある。なお，配賦基準は，大きく分けると価額基準（価値基準）と物量基準に分けられる。例えば，各々の配賦基準には，つぎのものが挙げられる。なお，配賦基準は，原則として物量基準を用いる（『原価計算基準』33（五））。

① 価額基準
　直接材料費，直接労務費，素価（直接材料費と直接労務費の合計）など
② 物量基準
　生産量，重量，直接作業時間，機械運転時間など

6-2-2　製造間接費の配賦方法

製造間接費の製品勘定への集計，すなわち，製造間接費の製品への配賦については，配賦基準として前述のいずれかを選ぶ。次式のとおりに，その配賦率と各製品の実際配賦基準量を乗ずることによって，各製品の製造間接費配賦額が計算される。

　　　各製品の製造間接費配賦額＝配賦率×各製品の実際配賦基準量　（6－1）

配賦率については，実際配賦率と予定配賦率がある。上式の右辺における配賦率を実際配賦率として計算したものが，製造間接費の実際配賦額である。予定配賦率を用いた場合が，予定配賦額となる。なお，製造間接費の配賦は，予定配賦を原則とする（『原価計算基準』33（二））。

実際配賦額および予定配賦額は，次式のとおりに計算される。

$$各製品の製造間接費実際配賦額＝実際配賦率×各製品の実際配賦基準量 \quad (6-2)$$

$$各製品の製造間接費予定配賦額＝予定配賦率×各製品の実際配賦基準量 \quad (6-3)$$

実際配賦率は，例えば，原価計算期間（1か月）が終えた後，次式のとおりに製造間接費実際発生額を同期間における実際配賦基準量の総量で除することによって求められる。

$$実際配賦率＝\frac{一定期間における製造間接費実際発生額}{同期間の実際配賦基準量の総量} \quad (6-4)$$

したがって，次式のとおりに，ある期間の製造間接費実際発生額は，各製品への製造間接費配賦額の総額と一致する。

$$製造間接費実際発生額＝各製品への製造間接費配賦額の総額 \quad (6-5)$$

例題 6-1

つぎの生産実績に基づき，直接作業時間を配賦基準とし，各問に答えなさい。

資料：

	グラス製品	ビン製品	工場全体
直接作業時間	40h	60h	100h
間接材料費			¥40,000
間接労務費			¥50,000
間 接 経 費			¥60,000

（1）製造間接費実際発生額を計算しなさい。

（2）各製品の実際配賦額を計算しなさい。

●例題解答 6-1●

（1）製造間接費実際発生額の計算

　　40,000（間接材料費）＋50,000（間接労務費）
　　　＋60,000（間接経費）＝¥150,000

(2) 実際配賦額の計算

　　　実際配賦率：¥150,000÷(40h＋60 h)＝¥1,500／h
　　　グラス製品実際配賦額：¥1,500／h×40h＝¥60,000
　　　ビン製品実際配賦額：¥1,500／h×60h＝¥90,000

予定配賦率は，一定期間における製造間接費の予定額を同期間における予定配賦基準量の総量で除することによって，次式のとおりに求められる。

$$予定配賦率＝\frac{一定期間における製造間接費予定額}{同期間の予定配賦基準量の総量} \quad (6-6)$$

通常，予定配賦率に基づき計算された各製品の製造間接費予定配賦額の総額と製造間接費実際発生額は一致しない。なお，その差額は，**製造間接費配賦差額**として算定される（『原価計算基準』45(五)）。

　　製造間接費配賦差額＝製造間接費予定配賦額－製造間接費実際発生額
$$(6-7)$$

予定配賦率を算定する際には，例えば１年あるいは半年のような，ある期間における製造間接費の予定額と (6-6)式の分母に対応する予定される基準となる操業度を設ける必要がある。その操業度が，基準操業度とよばれる。

基準操業度については，つぎの操業水準がある。

① **理論的生産能力**

　最高能率で生産をおこなった場合に達成可能な理論上の操業水準

② **実際的生産能力**

　理論的生産能力から不可避的な作業休止による減少部分を除去した操業水準

③ **平均操業度**

　将来の数年間において予想される平均的需要量に応える操業水準

④ **期待実際操業度**

　次年度において予想される平均的需要量に応える操業水準

なお，平均操業度は正常操業度ともよばれる。また，期待実際操業度は予算操業度ともよばれる。原則として，期待実際操業度が使われる（『原価計算基準』33(五)）。

6-2-3 配賦差額の処理

製造間接費の配賦が予定配賦による場合，製造間接費の実際発生額と予定配賦額が一致しない。だから，配賦差額が生じる。そこで，実際発生額が予定配賦額を上回る（実際発生額＞予定配賦額）場合の差異が**不利差異**とよばれる。また，製造間接費勘定の借方の額のほうが大きく，その配賦差異を製造間接費配賦差異勘定の借方に振替えられることから，**借方差異**ともよばれる（図表6-2参照）。

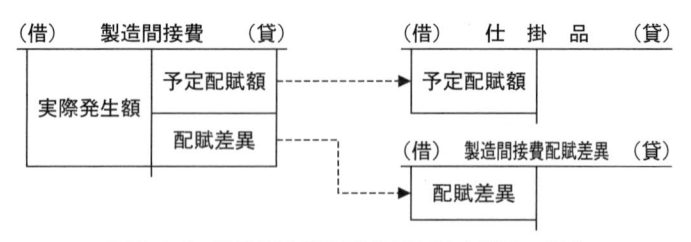

図表 6-2 製造間接費配賦差異が借方差異の場合

実際発生額が予定配賦額を下回る（実際発生額＜予定配賦額）場合の差異が**有利差異**とよばれる。また，製造間接費勘定の貸方の額のほうが大きく，製造間接費配賦差異勘定の貸方に振替えられることから，**貸方差異**ともよばれる（図表6-3参照）。

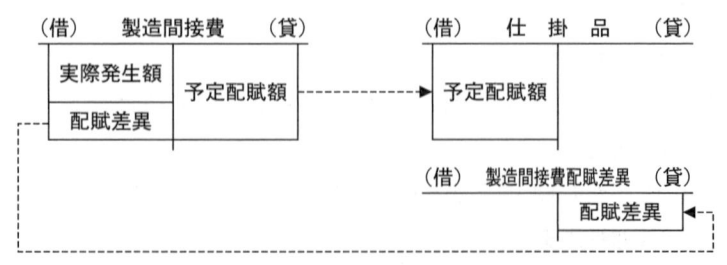

図表 6-3 製造間接費配賦差異が貸方差異の場合

なお，各原価計算期末（例えば毎月末）に，**製造間接費配賦差異**がプールされる。最終的には，会計年度末に製造間接費配賦差異勘定における残高を売上原価勘定に賦課する（『原価計算基準』47(一)）。

例題 6-2

㈱葛飾工業では，直接作業時間を配賦基準とし，製造間接費の予定配賦をおこなっている。つぎの資料に基づき各問に答えなさい。

資料：年間製造間接費予算　¥2,400,000
　　　年間基準操業度　　　1,200h（直接作業時間）
　　　当月の生産実績

	グラス製品	ビン製品	工場全体
直接作業時間	35h	50h	85h
間接材料費			¥45,000
間接労務費			¥55,000
間接経費			¥65,000

（1）製造間接費予定配賦率を計算しなさい。
（2）製造間接費予定配賦額を計算しなさい。
（3）各製品への製造間接費予定配賦額を計算しなさい。
（4）製造間接費実際発生額を計算しなさい。
（5）製造間接費配賦差額を計算しなさい。
（6）つぎの仕訳を示しなさい。

① $y_n／m_t／d_t$ に，製造間接費を製品に予定配賦した。
② $y_n／m_t／d_F$ に，間接材料費，間接労務費，および間接経費の実際発生額を「製造間接費勘定」の借方へ振替えた。なお，原価要素勘定には，材料費勘定，賃金勘定，および経費勘定を用いる。
③ $y_n／m_t／d_F$ に，製造間接費の配賦差額を「製造間接費配賦差異勘定」の借方に振替えた。
④ $y_n／m_{12}／d_F$ に，製造間接費配賦差異の残高を「売上原価」の借方に振替えた。

なお，会計年度末における最終的な製造間接費配賦差異の残高は¥20,000（不利差異）であった。

● 例題解答 6-2 ●

(1) 製造間接費予定配賦率

　　¥2,400,000÷1,200h＝¥2,000/h

(2) 製造間接費予定配賦額

　　¥2,000/h×85h＝¥170,000

(3) 各製品への製造間接費予定配賦額

　　グラス製品製造間接費予定配賦額：¥2,000/h×35h＝¥70,000

　　ビン製品製造間接費予定配賦額：¥2,000/h×50h＝¥100,000

(4) 製造間接費実際発生額

　　45,000＋55,000＋65,000＝¥165,000

(5) 製造間接費配賦差額

　　実際発生額－製造間接費予定配賦額＝165,000－170,000

　　　　　　　＝－¥5,000（有利差異）

(6) 仕訳はつぎのとおりである。

　① 製造間接費を製品に予定配賦した。

　　$y_n／m_t／d_F$：（借）仕　掛　品　170,000　（貸）製 造 間 接 費　170,000

　② 間接材料費，間接労務費，および間接経費の実際発生額を「製造間接費勘定」の借方に振替えた。

　　$y_n／m_t／d_F$：（借）製 造 間 接 費　165,000　（貸）材　　料　　費　45,000
　　　　　　　　　　　　　　　　　　　　　　　　　　　賃　　　　　金　55,000
　　　　　　　　　　　　　　　　　　　　　　　　　　　経　　　　　費　65,000

　③ 製造間接費の配賦差額を「製造間接費配賦差異勘定」の貸方に振替えた。

　　$y_n／m_t／d_F$：（借）製 造 間 接 費　5,000　（貸）製造間接費配賦差異　5,000

　④ 会計年度末に製造間接費配賦差異の残高を「売上原価勘定」の借方に振替えた。

　　なお，会計年度末における最終的な製造間接費配賦差異の残高は

¥20,000（不利差異）であった。

$y_n/m_{12}/d_F$：（借）売 上 原 価　20,000　（貸）製造間接費配賦差異　20,000

6-3　固定予算と変動予算

製造間接費配賦差額を分析する際に，前提となる製造間接費予算には実際操業度に対する予算額をどのように捉えるかの違いによって，固定予算と変動予算がある。

6-3-1　固 定 予 算

固定予算とは，実際操業度が変わっても，基準操業度における製造間接費の予算額をその操業度における予算額とするものである。したがって，いかなる操業度に対しても，予算額は一定となる（図表6-4参照）。

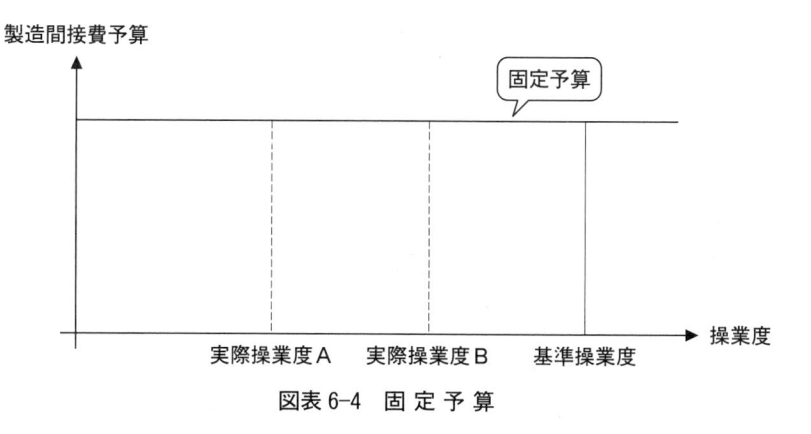

図表6-4　固 定 予 算

固定予算線は，操業度の変動に対して水平な直線で表わされる。

6-3-2 変動予算

変動予算とは，製造間接費予算が操業度の変動に応じて変わる変動費予算の部分と，操業度が変わっても一定の固定費予算の部分から構成されるものである。したがって，実際操業度が増えると，それに伴い，予算額も増えることとなる（図表6-5参照）。

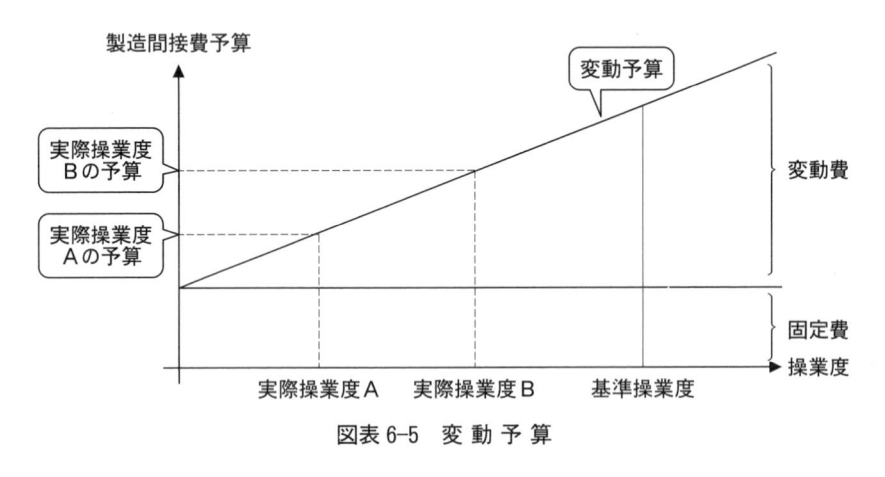

図表6-5 変 動 予 算

変動予算線は，固定費額を切片として右上がりの直線で表わされる。

6-4 製造間接費配賦差額とその原因分析

6-4-1 製造間接費配賦差額

製造間接費配賦差額は，製造間接費予定配賦額と製造間接費実際発生額（製造間接費実際配賦額）の差額である。すなわち，(6-8)式に示すとおりに，製造間接費予定配賦額から製造間接費実際発生額を差引くか，あるいは製造間接費実際発生額から製造間接費予定配賦額を差引くかにより，符号（＋，－）は異なる。したがって，偏差の大きさは同じであり，どちらが大きいのか，すな

わち，有利差異か不利差異かを識別すれば良い。そこで，以下の説明では，製造間接費実際発生額から製造間接費予定配賦額を差引くことにより，製造間接費配賦差額を表す。

　　　製造間接費配賦差額＝製造間接費実際発生額－製造間接費予定配賦額
　　　　　　　　　　　　＝－(製造間接費予定配賦額－製造間接費実際発生額)　(6－8)

　製造間接費配賦差額は，予算差異と操業度差異に分けられる。次式に示すとおりに，製造間接費実際発生額と製造間接費予算額との差額が**予算差異**である。また，製造間接費予算額と製造間接費予定配賦額との差額が**操業度差異**である。

　　　製造間接費配賦差額＝製造間接費実際発生額－製造間接費予定配賦額
　　　　　　　　　　　　＝(製造間接費実際発生額－製造間接費予算額)
　　　　　　　　　　　　　＋(製造間接費予算額－製造間接費予定配賦額)
　　　　　　　　　　　　＝予算差異＋操業度差異　　(6－9)

　予算差異は，実際発生額が予算額と異なったことによる差異である。また，操業度差異は，実際操業度が基準操業度から離れたことによる差異である。

6-4-2　固定予算による場合の差異分析

　固定予算による場合に，予算差異は，実際製造間接費が固定予算と離れる部分として示される。また，操業度差異は，固定予算と予定配賦額の差額として示される（図表6-6参照）。

　　　製造間接費配賦差額＝製造間接費実際発生額－製造間接費予定配賦額
　　　　　　　　　　　　＝予算差異＋操業度差異
　　　　　　　　　　　　＝(製造間接費実際発生額－製造間接費予算額)
　　　　　　　　　　　　　＋(製造間接費予算額－製造間接費予定配賦額)　(6－10)

　なお，操業度差異については，つぎのとおり計算される。

　　　操業度差異＝予定配賦率×(基準操業度－実際操業度)　(6－11)

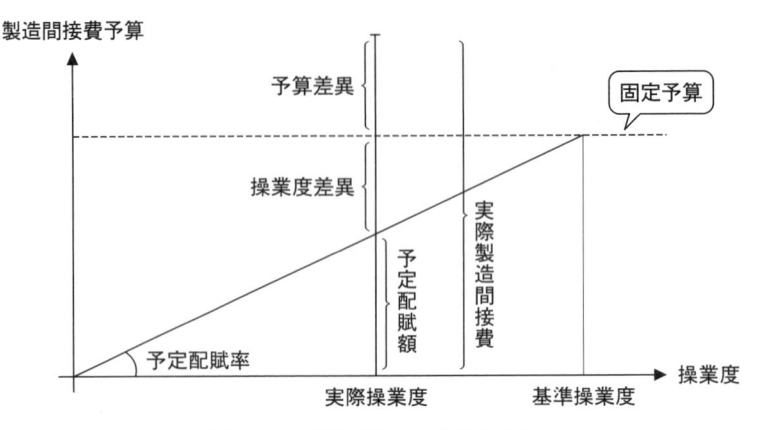

図表 6-6　固定予算による差異分析

6-4-3　変動予算による場合の差異分析

つぎに，変動予算による場合の予算差異は，実際製造間接費が実際操業度における変動予算と離れる部分として示される。また，操業度差異は，その変動予算と予定配賦額の差額として示される（図表 6-7 参照）。

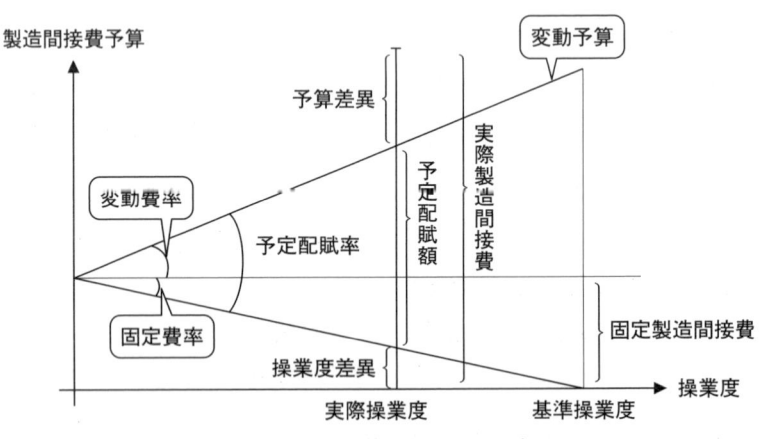

図表 6-7　変動予算による差異分析

変動予算による場合，予算差異および操業度差異を図表6-7に対応して示すと，その計算式は，つぎのとおりである。

　　製造間接費配賦差額＝製造間接費実際発生額－製造間接費予定配賦額
　　　　　　　＝予算差異＋操業度差異
　　　　　　　＝｛製造間接費実際発生額－（変動費率×実際操業度
　　　　　　　　＋固定製造間接費）｝＋｛（変動費率×実際操業度
　　　　　　　　＋固定製造間接費）－製造間接費予定配賦額｝　　（6－12）

ただし，予定配賦額は，次式のとおりに予定配賦率と実際操業度の積である。

　　予定配賦額＝予定配賦率×実際操業度
　　　　　　＝（変動費率＋固定費率）×実際操業度　　（6－13）

したがって，(6－12)式の操業度差異の部分は，次式のとおりに表される。

　　（変動費率×実際操業度＋固定製造間接費）－製造間接費予定配賦額
　　　＝（変動費率×実際操業度＋固定費率×基準操業度）
　　　　－（変動費率＋固定費率）×実際操業度
　　　＝（固定費率×基準操業度－固定費率×実際操業度）
　　　＝固定費率×（基準操業度－実際操業度）　　（6－14）

変動予算による差異分析は，製造間接費実際発生額と製造間接費予定配賦額の差異を分析しようとするものである（図表6-7参照）。

第Ⅱ編　原価の費目別計算

本章のまとめ

　本章においては，製造間接費とは，如何なるものであり，製品への配賦基準および配賦方法について，どのようなものであるか説明してきた。なお，実際配賦率に基づく実際配賦と，予定配賦率に基づく予定配賦，さらに実際配賦額と予定配賦額の差異としての配賦差額について説明してきた。この差額が，どのように予算差異と操業度差異に分けられるかを示し，製造間接費計算における一連の手続きを説明した。

問題6　㈱葛飾工業では，製造間接費について直接作業時間を配賦基準として予定配賦している。つぎの資料に基づき，変動予算を用いる場合について答えなさい。

（1）当月（m_t）の①配賦差額，②予算差異，および③操業度差異を求めなさい。なお，有利差異か，不利差異か各々示しなさい。
（2）$m_t／d_{10}$に製造間接費を仕掛品勘定に振替える仕訳，および$m_t／d_F$に製造間接費配賦差額を製造間接費配賦差異勘定に振替える仕訳を示しなさい。

資料1：変　動　予　算　　年間固定費　¥360,000
　　　　　　　　　　　　　製造間接費の変動費率　¥200／h
資料2：年間基準操業度（直接作業時間）　1,200h
資料3：当月実際操業度（直接作業時間）　80h
資料4：当月製造間接費実際発生額　¥45,000

●問題解答欄6●

（1）　①　配賦差額（　　　　　　差異）

② 予算差異(　　　　差異)

③ 操業度差異(　　　　差異)

(2) 仕　訳

m_t / d_{10} : (借)　　　　　　　　　　　(貸)
m_t / d_F : (借)　　　　　　　　　　　(貸)

第III編
原価の部門別計算

第7章 部門費計算

本章の概要と学習目標

　本章では，原価計算の手続きにおける第2段階，すなわち，部門費計算（部門別原価計算）について論じる。部門個別費は各部門に直課され，部門共通費は配賦基準を基に関わる部門に配賦される。その後，補助部門に集められた部門個別費と部門共通費の配賦額の合計額（補助部門費）は，製造部門へと配賦される。

　本章の学習目標は，まず，原価部門としてどのような部門があり，つぎに，その部門別の原価の収集および集計が如何になされるかについて，さらに，この一連の手続きについて習得することである。

7-1　部門費計算の意義と構造

　部門費計算の主たる目的として，より正確な製品原価の計算のためと，より効率的な部門別原価の管理のためという，2つが挙げられる。

　部門費計算は，原価計算の手続き，すなわち，費目別計算，部門別計算，および製品別計算における第2段階にあたる。第1段階の費目別計算で測定・管理された原価を原価部門に分類・集計する。ただし，製造原価における原価要素のうち，製造直接費（直接材料費，直接労務費，および直接経費）は，各製造部門で個別に生じ，製品に直接跡付けられる性格のものである。したがって，部門費計算をするかどうかに拘わらず，各製造部門における製品へ製造原価を直課することにより，製品の原価が集められる。

7-2　原価部門と部門費集計

原価部門とは，生じた原価要素を場所的区分，作業的区分，あるいは職能的区分ないし責任区分別に管理するための原価計算上の区分である（『原価計算基準』16)。すなわち，原価を分類・集計するための計算組織上の区分のことであり，製造部門と補助部門に分けられる。**製造部門**とは，直接に製造活動がおこなわれる部門である。補助部門とは，製造部門に対して補助的関係にある部門のことを指す（『原価計算基準』16（一））。また，**補助部門**は，補助経営部門と工場管理部門に分けられる（図表 7-1 参照）。補助経営部門は，製品の製造に直接関与しない。自部門が作出した財貨あるいは用役を製造部門あるいは他の補助部門に供する補助部門である。また，工場管理部門は，工場の管理的機能を果たす補助部門である（『原価計算基準』16（二））。

```
原           製造部門（鍛造部門，鋳造部門，機械加工部門，組立部門など）
価
部           　　　　　　補助経営部門
門           補助部門　　（動力部門，修繕部門，運搬部門，検査部門など）
             　　　　　　経営管理部門
             　　　　　　（工場事務部門，労務部門，企画部門，工場内試験研究部門など）
```

図表 7-1　原価部門の分類

製造直接費は，どの製品のために生じたかが解る原価である。すなわち，その消費を製品に跡付けることができる原価である。したがって，各製造部門において製品に直課される。

製造間接費について部門別原価計算をおこなう場合，つぎのとおりに 2 段階の手続きで，原価の集計がなされる。

① **部門費の第 1 次集計**：製造間接費の各費目について，部門個別費と部門共通費に分ける。すなわち，部門個別費は，当該部門に直課する。部門共通費は，適当な配賦基準を基に関わる部門に配賦される。

② **部門費の第2次集計**：部門費の第1次集計で各補助部門に集められた補助部門費は，適当な配賦基準を基に各製造部門に配賦される。

7-3　部門個別費と部門共通費

製造間接費は，部門個別費と部門共通費に分けられる（『原価計算基準』17）。前者は，原価部門との関連に基づいて，どの部門で生じたかが解る原価である。例えば，各部門の職長の給料や各部門の機械の減価償却費などが部門個別費となる。後者は，複数の部門で共通して生ずるため，どの部門で生じたかが直接的に認めることができない原価である。例えば，複数の部門が同居する建物の減価償却費やその火災保険料などは部門共通費となる。

部門個別費は，どの部門で生じているかが認められる。したがって，当該部門にその原価を割当てる。このことを直課するという。また，**部門共通費**は，複数の部門で生ずる原価である。したがって，費目ごとに関連する部門に適当な配賦基準を基に配賦する。これらを部門費の第1次集計という。

部門共通費とその配賦基準の例としては，次表のものが挙げられる（図表 7-2 参照）。

部門共通費	配賦基準
建物減価償却費	各部門の専有面積
建物固定資産税	各部門の専有面積
建物保険料	各部門の専有面積
機械保険料	各部門の機械帳簿価額
福利施設負担額	各部門の従業員数
福利厚生費	各部門の従業員数

図表 7-2　部門共通費と配賦基準

例題 7-1

つぎの資料に基づき，部門費集計表を作りなさい。

	合計	製造部門		補助部門	
		加工部門	組立部門	動力部門	工場事務部門
部門個別費	¥60,000	¥20,000	¥25,000	¥8,500	¥6,500
部門共通費					
建物減価償却費	¥50,000				
福利厚生費	¥30,000				
配賦基準					
専有面積	200㎡	80㎡	80㎡	20㎡	20㎡
従業員数	100人	50人	30人	5人	15人

● 例題解答 7-1 ●

部門費集計表　　　　　　　　　（単位：円）

	合計	製造部門		補助部門	
		加工部門	組立部門	動力部門	工場事務部門
部門個別費	60,000	20,000	25,000	8,500	6,500
部門共通費					
建物減価償却費	50,000	20,000	20,000	5,000	5,000
福利厚生費	30,000	15,000	9,000	1,500	4,500
部門費合計	140,000	55,000	54,000	15,000	16,000

7-4　補助部門費の製造部門への配賦

7-4-1　直接配賦法と簡便相互配賦法

　部門費の第1次集計によって，各原価部門には部門個別費が直課され，部門共通費が配賦される。これを受けて，各補助部門において，これらの合計額としての補助部門費を各製造部門に集める（『原価計算基準』18(二)）。これが部門費の第2次集計である。すなわち，補助部門費を各製造部門へ配賦するのである。その際には，合理的な配賦基準に基づく必要がある。そこで，補助部門費とそれに対する配賦基準の例をつぎのとおり示す（図表7-3参照）。

補助部門費	配賦基準
動力部門費	消費電力量
修繕部門費	修繕回数，修繕時間
運搬部門費	運搬回数，運搬時間
検査部門費	検査回数，検査時間
工場事務部門費	従業員数

図表 7-3　補助部門費と配賦基準

　補助部門費の製造部門への配賦の方法には，大きく区分すると直接配賦法と相互配賦法がある。**直接配賦法**は，補助部門間相互の用役の授受を無視し，各補助部門費を製造部門にのみ配賦する方法である。これに対し，相互配賦法は，補助部門間相互の用役の授受も反映し，各補助部門費を各製造部門だけでなく各補助部門にも配賦しようとする方法である。なお，相互配賦法には，**簡便相互配賦法**（製造工業原価計算要綱に定める相互配賦法）のほかに，最も理論的な方法としての連立方程式法，連続配賦法，階梯式配賦法などがある。そこで，特に重要と考えられる直接配賦法と簡便相互配賦法について以下に示す。

① **直接配賦法**

　直接配賦法は，補助部門間相互の用役の授受を無視し，補助部門から各製造部門への配賦基準を基に補助部門費を各製造部門に配賦するものである。

② **簡便相互配賦法**

　簡便相互配賦法は，配賦計算を2回おこなうものである。すなわち，1回目は製造部門だけでなく補助部門にも配賦をおこなう。2回目は，1回目に各補助部門に配賦された金額も合わせて，製造部門にのみ配賦する方法である。つまり，1回目は相互配賦し，2回目は直接配賦する方法である。

例題 7-2

つぎの資料に基づき，直接配賦法により補助部門費配賦表を作りなさい。

	合計	製造部門		補助部門	
		加工部門	組立部門	動力部門	工場事務部門
部門費	¥140,000	¥55,000	¥54,000	¥15,000	¥16,000
配賦基準					
消費電力量	150kwh	40kwh	60kwh	30kwh	20kwh
従業員数	100人	50人	30人	5人	15人

●例題解答 7-2●

補助部門費配賦表　　　　　　　　　　　（単位：円）

	合計	製造部門		補助部門	
		加工部門	組立部門	動力部門	工場事務部門
部門費	140,000	55,000	54,000	15,000	16,000
動力部門費	15,000	6,000	9,000		
工場事務部門費	16,000	10,000	6,000		
製造部門費	140,000	71,000	69,000		

動力部門費の加工部門への配賦　　$¥15,000 \times \dfrac{40\text{kwh}}{40\text{kwh}+60\text{kwh}} = ¥6,000$

動力部門費の組立部門への配賦　　$¥15,000 \times \dfrac{60\text{kwh}}{40\text{kwh}+60\text{kwh}} = ¥9,000$

工場事務部門費の加工部門への配賦　　$¥16,000 \times \dfrac{50人}{50人+30人} = ¥10,000$

工場事務部門費の組立部門への配賦　　$¥16,000 \times \dfrac{30人}{50人+30人} = ¥6,000$

7-4-2　補助部門費の各製造部門への実際配賦と予定配賦

　補助部門費を各製造部門に配賦する場合，実際配賦率に基づき配賦する**実際配賦**と予め設けられた予定配賦率に基づき配賦する**予定配賦**がある。実際配賦による場合，補助部門の原価管理の善し悪しが，そのまま製造部門に響くことになる。また，原価計算期間の終了後，実際発生額が判るまで，製品原価が計算されないという難点がある。そこで，原価管理および計算の迅速性の観点から，予定配賦がおこなわれる。

　補助部門費を各製造部門に実際配賦する場合，各製造部門への補助部門費実際配賦額は次式のとおりに計算される。

$$補助部門費実際配賦額＝補助部門費実際配賦率\times 実際配賦基準量 \quad (7-1)$$

なお，補助部門費実際配賦率はつぎのとおりである。

$$補助部門費実際配賦率＝\frac{補助部門費実際発生額}{実際配賦基準総量} \quad (7-2)$$

補助部門費を各製造部門に予定配賦する場合，各製造部門への補助部門費予定配賦額は次式のとおりに計算される。すなわち，各製造部門に予定配賦される補助部門費は，補助部門費予定配賦率に実際配賦基準量（例えば，製造部門における実際直接作業時間）の積によって計算される。

$$補助部門費予定配賦額＝補助部門費予定配賦率\times 実際配賦基準量 \quad (7-3)$$

なお，補助部門費予定配賦率はつぎのとおりである。

$$補助部門費予定配賦率＝\frac{補助部門費予定額}{予定配賦基準総量} \quad (7-4)$$

　各原価計算期間において，補助部門費実際配賦額と予定配賦額は一致しない。だから，原価差異が生じる。なお，この原価差異は，会計期末まで繰延べ，当期の売上原価に加減して処理される（『原価計算基準』47（一））。

例題 7-3

㈱葛飾工業におけるつぎの資料に基づき各問に答えなさい。

資料1：年間部門費予算

部門費の第1次集計後の部門費予算

(部門個別費の直課および部門共通費配賦後の部門費予算)

	合 計	製造部門		補助部門	
		加工部門	組立部門	動力部門	工場事務部門
部門費予算	¥540,000	¥220,000	¥140,000	¥100,000	¥80,000

補助部門費配賦基準量の年間予定量

	製造部門		補助部門	
	加工部門	組立部門	動力部門	工場事務部門
電力消費量	300kwh	200kwh	100kwh	150kwh
従業員数	20人	60人	5人	15人

加工部門の年間予定直接作業時間：2,400h

組立部門の年間予定直接作業時間：2,000h

資料2：当月の各製造部門の部門費集計額（各製造部門実際発生額）

	製造部門	
	加工部門	組立部門
部門費	¥43,000	¥39,000

資料3：加工部門および組立部門の当月直接作業時間

	直接作業時間	合 計
加工部門	360h	660h
組立部門	300h	

(1) 補助部門費配賦表を作り，加工部門および組立部門の製造間接費予定配賦率を計算しなさい。なお，補助部門費の配賦法は，直接作業時間を配賦基準とし，直接配賦法を用いている。

(2) 当月（m_t）の製造間接費配賦差額を計算しなさい。なお，有利差異か不利差異かも示しなさい。

(3) 当月（m_t）の加工部門費配賦差異および組立部門費配賦差異を計算しなさい。なお，有利差異か不利差異かも示しなさい。

●例題解答 7-3 ●

(1) 加工部門および組立部門の製造間接費予定配賦率

補助部門費配賦表　　　　　　　　　（単位：円）

	合計	製造部門		補助部門	
		加工部門	組立部門	動力部門	工場事務部門
部門費予算	540,000	220,000	140,000	100,000	80,000
動力部門費	100,000	60,000	40,000		
工場事務部門費	80,000	20,000	60,000		
製造部門費予算	540,000	300,000	240,000		

　加工部門の製造間接費予定配賦率（￥125／h＝￥300,000÷2,400h）
　組立部門の製造間接費予定配賦率（￥120／h＝￥240,000÷2,000h）

(2) 当月（m_t）の製造間接費配賦差額（￥1,000），（不利差異）
　製造部門費予定配賦額：￥81,000＝￥125／h×360h＋￥120／h×300h
　製造部門費実際発生額：￥82,000＝43,000＋39,000
　製造部門費予定配賦額：￥81,000＜製造部門費実際発生額（￥82,000）

(3) 当月（m_t）の配賦差異
　当月（m_t）の加工部門費配賦差異（￥2,000），（有利差異）
　加工部門費予定配賦額：￥45,000＝￥125／h×360h
　　　　　　　　　　￥45,000＞加工部門費実際発生額（￥43,000）
　当月（m_t）の組立部門費配賦差異（￥3,000），（不利差異）
　組立部門費予定配賦額：￥36,000＝￥120／h×300h
　　　　　　　　　　￥36,000＜組立部門費実際発生額（￥39,000）

第Ⅲ編 原価の部門別計算

本章のまとめ

　本章においては，部門費計算における原価部門について明らかにし，部門費の第1次集計としての，部門個別費の直課および部門共通費の配賦について学習してきた。また，部門費の第2次集計，すなわち，補助部門費の製造部門への配賦については，直接配賦法および簡便相互配賦法について説明した。さらに，実際配賦と予定配賦についても一連の手続きを示した。

問題7　2つの製造部門と2つの補助部門を有する㈱葛飾工業の資料に基づき，（1）直接配賦法，（2）要綱による相互配賦法（簡便相互配賦法）により部門費配賦表を完成させなさい。

資料1：当月（m_t）の部門個別費の発生額はつぎのとおりである。

（単位：円）

	加工部門	組立部門	動力部門	工場事務部門
間接材料費	500	600	300	430
間接労務費	400	500	400	630
間接経費	600	700	555	430

資料2：当月（m_t）の部門共通費の発生額はつぎのとおりである。

　　機械減価償却費　¥1,000　　火災保険料　¥700

　　電力料　　　　　¥600　　福利厚生費　¥400

資料3：配賦基準のデータはつぎのとおりである。

	加工部門	組立部門	動力部門	工場事務部門
従業員数（人）	30	45	5	20
消費電力量（kwh）	250	200	100	50
床面積（㎡）	300	200	100	100
機械帳簿価額（円）	3,000	4,000	2,000	1,000

●問題解答欄7●

(1) 直接配賦法

部門費配賦表　　　　　　　（単位：円）

	合計	加工部門	組立部門	動力部門	工場事務部門
間接材料費					
間接労務費					
間接経費					
機械減価償却費					
火災保険料					
電力料					
福利厚生費					
部門費					
製造部門費計					

(2) 要綱による相互配賦法（簡便相互配賦法）

部門費配賦表　　　　　　　（単位：円）

	合計	加工部門	組立部門	動力部門	工場事務部門
間接材料費					
間接労務費					
間接経費					
機械減価償却費					
火災保険料					
電力料					
福利厚生費					
部門費					
1次配賦					
2次配賦					
製造部門費計					

第Ⅳ編

原価の製品別計算

第8章 個別原価計算

本章の概要と学習目標

　本章では，費目別計算・部門別計算・製品別計算と続く原価計算の手続きの中で，最終段階である製品別計算に焦点をあてる。製品別計算は，生産形態に照らして個別原価計算と総合原価計算に分かれる。そのなかでも受注生産型の業種に適した個別原価計算について学ぶ。

　本章の学習目標は，個別原価計算における原価集計の手続きについて体系的に習得することである。具体的な内容は，個別原価計算の意義と種類，原価計算表の作成と勘定連絡の理解，および仕損・作業屑の会計処理を習得することである。

8-1　個別原価計算の意義と構造

　原価計算は，費目別計算・部門別計算・製品別計算という3段階の計算手続きを経ておこなわれる（『原価計算基準』9, 15, 19）。製品の単位原価を計算する製品別計算では，生産形態に照らして，個別原価計算あるいは総合原価計算が用いられる。**個別原価計算**は，個々の注文ごとに製品製造原価を集める原価計算である。なお，顧客の注文に応じて個別に製品を造る受注生産型の業種（造船業，工作機械製造業，土木建設業など）に適する（『原価計算基準』31）。一方，総合原価計算は，一定期間に生産した製品全体の原価を生産単位数で割り，製品の単位製造原価を求める。標準規格製品を連続的に大量生産する見込生産型の業種（鉄鋼業，自動車製造業，食品製造業など）に適する。

8-2 個別原価計算の種類

　個別原価計算は，部門別原価計算をおこなうか否かにより，2つの個別原価計算に分けられる。費目別計算から製品別計算へと，部門別計算を省いた個別原価計算のことを，**単純個別原価計算**という。中小工企業など規模が小さく，単純な生産工程の工企業においては，原価計算を簡略におこなうために，部門別計算を省くことがある。一方，規模が大きくなり，生産工程も複雑になった工企業でおこなわれる原価計算を，**部門別個別原価計算**という。部門別個別原価計算では，原価部門を設けて原価を集め，高い精度で製造間接費の配賦計算をおこなうことができる。このため，より正確に製品別原価計算がおこなわれることになる。

8-3 製造指図書別原価計算表

8-3-1 製造指図書と原価計算表

　工企業は顧客から製品の注文を受けると，その製品を造るために生産技術担当部門が製造指図書を作る。これには，製造指図書番号，製造品目の名称と規格，製造数量，各種材料所要量などの必要事項が記載される。**製造指図書**は，製品の生産形態によって特定製造指図書と継続製造指図書に分けられる。

　特定製造指図書は，個々の製品の生産または作業に対して個別的に発行される指図書である。よって，特定製造指図書に基づいて造る製品の製造原価の測定は，個別原価計算によっておこなわれる。一方，継続製造指図書は，主として同種製品を反復して生産する場合，または同種作業を連続しておこなう場合に発行される。よって，継続製造指図書に基づいて生産される製品の製造原価は，総合原価計算によっておこなわれる。

　製造指図書が発行されると，原価係は製造指図書の写しを受取り**原価計算表**（図表8-1参照）を作る。個別原価計算は，原価計算表の作成が中心となる。

第8章　個別原価計算

特定の製品を造るために生じた原価が，製造指図書番号を付した原価計算表に集められる。原価計算表は，原価を集計・計算・明示する表である。加工中の仕掛品の製造原価の発生が，原価計算表を通じて管理されることになる。

また，原価計算表は，製造指図書ごとの原価を集める表である。すなわち，製造指図書番号順に原価元帳に集められる。したがって，仕掛品勘定の記入は，原価元帳の記入と一致することになる。この原価元帳を一枚の表にまとめたものを原価計算表（総括表）という（図表8-2参照）。単純個別原価計算をおこなっている場合，原価計算表（総括表）は，仕掛品勘定の各勘定と対応することになる。

	原価計算表										
						製造指図書No.____					
得意先名____					製造指図書発行日____						
製　品　名____					製　造　着　手　日____						
仕　　　様____					製　品　完　成　日____						
数　　　量____					製品引渡予定日____						
直接材料費			直接労務費			直接経費			製造間接費		
日付	出庫No.	金額	日付	出庫No.	金額	日付	出庫No.	金額	日付	出庫No.	金額
合　計			合　計			合　計			合　計		

図表8-1　原価計算表の例

摘要	No.1	No.2	合計
直接材料費	×××	×××	￥A
直接労務費	×××	×××	￥B
製造間接費	×××	×××	￥C
合　計	×××	×××	￥D

（借）　　　　仕　掛　品　　　　（貸）
→材　　料　￥A　｜製　　品　￥D
→賃　　金　￥B　｜
┈→製造間接費　￥C　｜
　　　　　　　￥D　｜　　　　　　￥D

No.1とNo.2は共に完成したものとする。

図表8-2　原価計算表（総括表）と仕掛品勘定の関係

8-3-2 単純個別原価計算における原価集計

単純個別原価計算の場合，製造原価のうち製造直接費は，各製品に直課される（図表8-3参照）。一方，製造間接費は，その発生を製品に直接的に跡付けできない。そのため，一定の配賦基準に基づいて各特定製造指図書に配賦する。製造間接費の実際配賦率は，操業度の変動によって左右され，月末経過後にならないと定まらない。このため，原価計算表の作成にあたっては，予定配賦率を用いることも多い。

$$製造間接費配賦率＝\frac{一定期間の製造間接費(実際，予定)発生額}{同じ期間の配賦基準数値の総数} \quad (8-1)$$

また，製造間接費の配賦額は次式のとおり求める。

$$製造間接費配賦額＝製造間接費配賦率×配賦基準数値 \quad (8-2)$$

なお，予定配賦率を用いた場合は，製造間接費配賦差異勘定を設けて，予定配賦額と実際発生額との差額を処理しなければならない。

		No.1	No.2
製造直接費	直接材料費	¥A_1	¥A_2
	直接労務費	¥B_1	¥B_2
	直接経費	¥C_1	¥C_2
製造間接費	間接材料費		
	間接労務費	×××	×××
	間接経費		

製造直接費
- 直接材料費 No.1 ¥A_1 / No.2 ¥A_2
- 直接労務費 No.1 ¥B_1 / No.2 ¥B_2
- 直接経費 No.1 ¥C_1 / No.2 ¥C_2

製造間接費

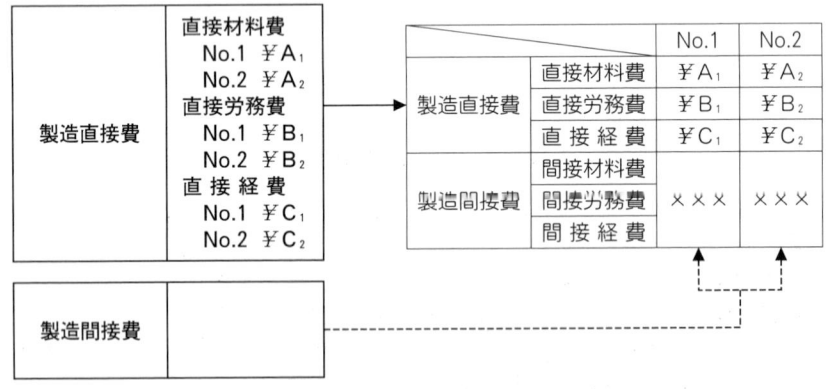

図表8-3　原価計算表の作成（単純個別原価計算の場合）

8-3-3　単純個別原価計算の勘定連絡

　製造直接費を構成する直接材料費，直接労務費，および直接経費の消費高は，原価計算表に転記される。それとともに，各原価要素勘定から仕掛品勘定の借方へ振替える。製造間接費に関しては，各原価要素勘定から製造間接費勘定の借方へ振替える。その後，実際配賦または予定配賦により配賦額を算定し，原価計算表に記入する。それとともに，製造間接費勘定から仕掛品勘定の借方へ振替える（図表 8-4 参照）。

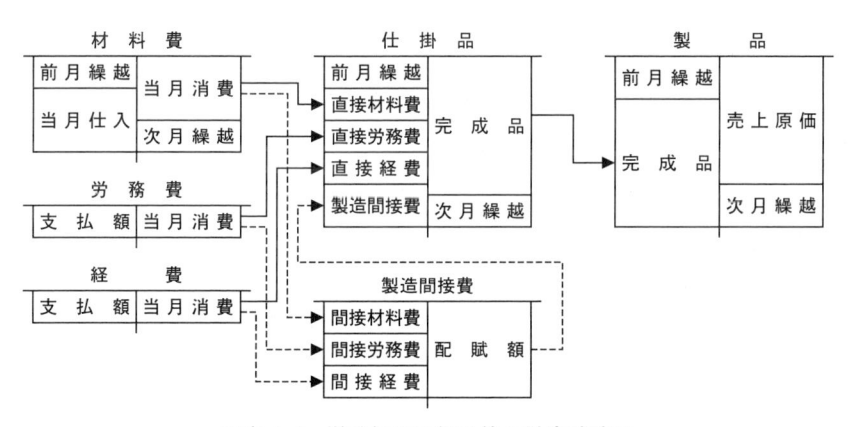

図表 8-4　単純個別原価計算の勘定連絡図

8-3-4　部門別個別原価計算における原価集計

部門別個別原価計算では，原価の費目別計算を経て部門別計算をおこなう。その結果は，原価計算表に集める（図表 8-5 参照）。製造直接費は，単純個別原価計算と同様に直課される。

		No.1	No.2
製造直接費	直接材料費	¥A_1	¥A_2
	直接労務費	¥B_1	¥B_2
	直接経費	¥C_1	¥C_2
製造間接費	X部門費	×××	×××
	Y部門費	×××	×××

製造直接費：
- 直接材料費　No.1 ¥A_1／No.2 ¥A_2
- 直接労務費　No.1 ¥B_1／No.2 ¥B_2
- 直接経費　No.1 ¥C_1／No.2 ¥C_2

製造間接費

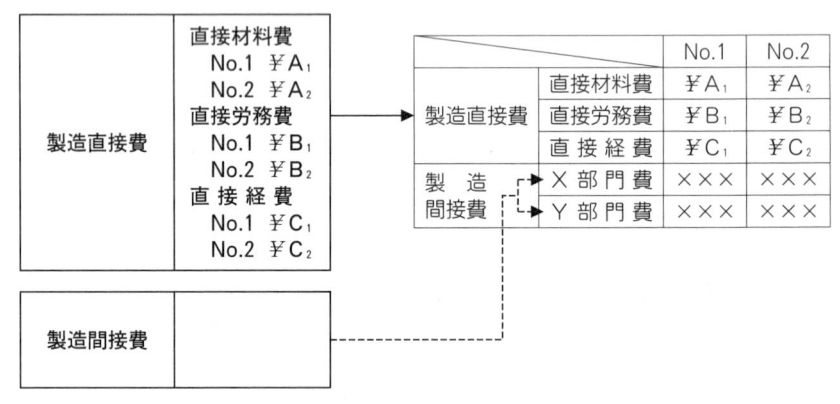

図表 8-5　原価計算表の作成（部門別個別原価計算の場合）

8-3-5　部門別個別原価計算の勘定連絡

製造直接費は，単純個別原価計算と同様に直課する。一方，製造間接費は，製造間接費勘定の借方に集めた後，部門別原価計算により各部門へ配賦する。その後，補助部門費を製造部門へ配賦する。特定製造指図書別に製造間接費配賦額を計算し，原価計算表に転記する。それとともに，製造間接費勘定から各部門費勘定を経て，仕掛品勘定の借方へ振替える（図8-6 参照）。

第8章 個別原価計算

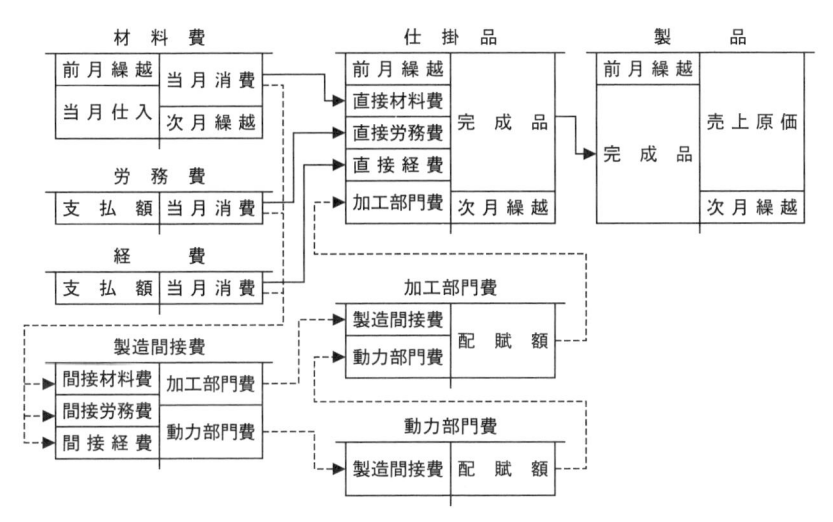

```
材 料 費              仕 掛 品              製 品
前月繰越  当月消費     前月繰越              前月繰越
当月仕入  次月繰越     直接材料費            完成品   売上原価
                      直接労務費  完成品
   労 務 費           直接経費              次月繰越
支 払 額  当月消費     加工部門費  次月繰越

   経 費              加工部門費
支 払 額  当月消費     製造間接費
                      動力部門費  配賦額
   製造間接費
間接材料費  加工部門費
間接労務費               動力部門費
間接経費   動力部門費    製造間接費  配賦額
```

図表 8-6　部門別個別原価計算の勘定連絡図

例題 8-1

㈱葛飾工業の以下の資料に基づき，製造指図書別原価計算表を作り，仕掛品勘定を完成させなさい。

資料1：製造指図書別当月実際消費量

	No.1	No.2
直接材料消費量	300kg	400kg
加工部門		
直接作業時間	5h	8h
機械稼働時間	3h	2h
組立部門		
直接作業時間	4h	2h
機械稼働時間	2h	1h

資料2：計 算 条 件

材料予定消費価格：¥100／kg
予定消費賃率
　　加工部門：　¥600／h
　　組立部門：　¥500／h
製造間接費予定配賦率
　　加工部門：¥1,200／h
　　組立部門：¥1,500／h

資料3：製造指図書 No.1 のみ完成した。

●例題解答 8-1 ●

製造指図書別原価計算表 （単位：円）

	No.1	No.2	合計
直接材料費	30,000*1	40,000	70,000
直接労務費	5,000*2	5,800	10,800
製造間接費			
加工部門費	3,600*3	2,400	6,000
組立部門費	3,000*4	1,500	4,500
合　　計	41,600	49,700	91,300
備　　考	完　成	仕掛中	

*1：¥100／kg×300kg＝¥30,000
*2：¥600／h×5h＋¥500／h×4h＝¥5,000
*3：¥1,200／h×3h＝¥3,600
*4：¥1,500／h×2h＝¥3,000

（借）	仕　掛　品	（貸）	
材　料　費	70,000	製　　　品	41,600
賃　　　金	10,800	次 月 繰 越	49,700
加工部門費	6,000		
組立部門費	4,500		

8-4　仕損費の計算と処理

8-4-1　仕損品と仕損費

　製造活動において，投入したすべての財貨・用役が製品として完成するわけではない。製造作業の過程における何らかの原因により，仕様書の指示した規格や品質どおりに完成しない不合格品が生じる。この不合格品のことを仕損品といい，かかる原価を**仕損費**という。また，仕損品は，仕損の程度により補修で回復できる場合と，補修で回復できずに代品を製造する場合に分けられる（『原価計算基準』35）（図表 8-7 参照）。

新製造指図書の発行	補修による対応・代品製造	仕損品の範囲	仕損費の内容
発行する	補修	旧製造指図書の全て	新製造指図書に集められた製造原価
		旧製造指図書の一部	
	代品製造	旧製造指図書の全て	旧製造指図書に集められた製造原価
		旧製造指図書の一部	代品製造のために発行した新製造指図書に集められた製造原価
発行しない	補修		補修に要する製造原価
	代品製造		代品製造に要する製造原価

図表 8-7　仕損費の計算パターン

なお，仕損品が売却価値あるいは利用価値を有する場合は，その見積額を製造原価から差引いた額を仕損費とする。

また，仕損の程度が軽微である場合には，仕損品の見積売却価額または見積利用価値を，製造指図書に集めた製造原価から控除する。なお，仕損費を計上しないこともある。

8 4-2　仕損費の会計処理

仕損費の会計処理は，原価性の有無によって取扱いが異なる（図表8-8参照）。仕損費が通常の製造活動で生じると予想される範囲内の場合には，正常仕損費として分けられる。一方，通常予想される範囲を超えて生じた部分は，異常仕損費として分けられる。

仕損費の種類	会 計 処 理
正常仕損費	仕損が生じた製造指図書に賦課
	製造間接費として仕損が生じた部門に賦課し，各製造指図書に配賦
異常仕損費	良品の製造原価に含めず，仕損の発生した原因により営業外費用または特別損失として処理

図表 8-8　仕損費の会計処理

例題 8-2

以下の㈱葛飾工業の資料に基づき，製造指図書別原価計算表を作り，仕掛品勘定を完成させなさい。

資料1：製造指図書別当月実際消費量

	No.1	No.2
直接材料消費量	200kg	150kg
直接作業時間	15h	10h

資料2：計算条件

材料予定消費価格：¥300／kg
予定消費賃率　　：¥800／h
製造間接費予定配賦率
　（直接作業時間）：¥1,200／h

資料3：製造指図書 No.1 は，製造指図書 No.2 で一部仕損が生じたために発行された代品製造指図書である。しかし，その発生原因が異常であるため，非原価項目として処理する。なお，仕損品評価額は¥7,500である。また，製造指図書 No.1 は仕掛中である。

● 例題解答 8-2 ●

製造指図書別原価計算表　　（単位：円）

	No.1	No.2	合計
直接材料費	60,000*1	45,000	105,000
直接労務費	12,000*2	8,000	20,000
製造間接費	18,000*3	12,000	30,000
計	90,000	65,000	155,000
仕損品評価額		−7,500	−7,500
異常仕損費		−57,500*4	−57,500
合計	90,000	0	90,000
備考	仕掛中	異常仕損 （非原価）	

*1：¥300／kg×200kg＝¥60,000
*2：¥800／h×15h＝¥12,000
*3：¥1,200／h×15h＝¥18,000
*4：¥65,000−¥7,500＝¥57,500

（借）	仕　掛　品	（貸）	
材　料　費	105,000	仕　損　品	7,500
賃　　　金	20,000	異常仕損費	57,500
製造間接費	30,000	次 月 繰 越	90,000

8-5　作業屑の処理

製品の製造途中で生ずる原材料の残りや削り屑などの**作業屑**について，売却価値や利用価値がある場合には，その評価と会計処理が必要になる。作業屑の評価は，加工せずに売却あるいは材料として再利用できるか，加工して売却あるいは再利用するかで計算方法が異なる（『原価計算基準』28(四)，36）（図表8-9参照）。

また，作業屑の発生が製造指図書別に特定できるか否かにより，作業屑の会計処理は異なる（図表8-10参照）。

作業屑の処理＼加工の必要性	無	有
売　却	見積売却価格から見積販売費および一般管理費を控除	見積売却価格から見積販売費および一般管理費,見積加工費を控除
再利用	見積購入価額	見積購入価額から見積加工費を控除

図表8-9　作業屑の評価

作業屑の発生の把握	会 計 処 理	
製品別に特定できる	製品の直接材料費または製造原価から差引く	
製品別に特定できない	部門別計算を実施	作業屑が生じた部門から差引く
	部門別計算は実施せず	製造間接費から差引く

図表8-10　作業屑の会計処理

なお，作業屑の評価額が僅少な場合は，発生のたびに製造原価からその評価額を差引くのではない。売却または再利用した際に，売上収益あるいは利用価値の見積額を雑益として処理する。

第Ⅳ編　原価の製品別計算

例題 8-3

以下の㈱葛飾工業の資料に基づき，製造指図書別原価計算表を作り，仕掛品勘定を完成させなさい。

資料1：製造指図書別当月実際消費量

	No.1	No.2
直接材料消費量	80kg	70kg
直接作業時間	3h	2h
機械稼働時間	5h	6h

資料2：計算条件

材料予定消費価格：¥500／kg
予定消費賃率　　：¥600／h
製造間接費予定配賦率
　（機械稼働時間）：¥1,200／h

資料3：製造指図書 No.1 から作業屑15kg が生じ，その価値は加工の結果に依存すると判り，製造原価より除く。また，製造指図書 No.2 から作業屑10kg が生じ，その価値が材料の価値に依存すると考えられる。そのため，直接材料費から除く。作業屑評価額は1kg 当り¥20である。

資料4：すべての指図書は当月中に完成した。

●例題解答 8-3 ●

製造指図書別原価計算表　（単位：円）

	No.1	No.2
直接材料費	40,000 ^{*1}	34,800 ^{*5}
直接労務費	1,800 ^{*2}	1,200
製造間接費	6,000 ^{*3}	7,200
計	47,800	43,200
作業屑評価額	−300 ^{*4}	−
合　計	47,500	43,200
備　考	完成	完成

（借）　　　　　仕　掛　品　　　　　（貸）
材　料　費　75,000 ^{*6}　　製　　品　90,700
賃　　　金　　3,000　　　　作　業　屑　　　500 ^{*7}
製造間接費　13,200

*1：¥500／kg×80kg＝¥40,000
*2：¥600／h×3h＝¥1,800
*3：¥1,200／h×5h＝¥6,000
*4：¥20／kg×15kg＝¥300
*5：¥500／kg×70kg−¥20／kg×10kg＝¥34,800
*6：¥500／kg×80kg＋¥500／kg×70kg＝¥75,000
*7：¥20／kg×15kg＋¥20／kg×10kg＝¥500

第8章　個別原価計算

本章のまとめ

本章においては，製品別原価計算を担う原価計算のうち，受注生産型の業種に適した個別原価計算について学んできた。なかでも，部門別原価計算をおこなわない単純個別原価計算と部門別個別原価計算について勘定連絡を通してその会計処理を学習してきた。個別原価計算は，完成品原価のみならず仕掛品の原価についても原価計算表から知ることができる。この点が総合原価計算との大きな違いの1つといえる。

また，仕損費の処理は，補修による対応と代品製造による対応で，仕損費の計算が異なる。同じく，作業屑についても，作業屑の発生が製品別に特定できるかできないかで，異なる会計処理を通じて評価額の算定をおこなう。

問題8　以下の㈱葛飾工業の資料に基づき，製造指図書別原価計算表を作り，仕掛品勘定を完成させなさい。

資料1：製造指図書別当月実際消費量

	No.1	No.2	No.3
直接材料消費量	50kg	45kg	60kg
直接作業時間	12h	15h	18h

資料2：直接材料費は予定消費価格￥450／kg，直接労務費は予定消費賃率￥900／h，製造間接費は予定配賦率￥1,000／h（直接作業時間）をもって計算する。

資料3：製造指図書No.1に補修可能な仕損が生じたが，補修作業については特に把握していない。よって，仕損費の見積額￥15,000を賦課する。

資料4：製造指図書No.2の一部に仕損が生じたが，その発生状況から軽微な仕損と判った。なお，仕損品評価額は￥13,000である。

資料5：完成したのは，製造指図書No.1およびNo.2である。

第Ⅳ編 原価の製品別計算

●問題解答欄8●

製造指図書別原価計算表　　（単位：円）

	No.1	No.2	No.3
直接材料費			
直接労務費			
製造間接費			
計			
仕損品評価額			
仕損費			
合　計			
備　考			

（借）　　　　　仕　掛　品　　　　　（貸）

材　料　費	製　　品
賃　　金	仕　損　品
製造間接費	次月繰越

第9章 総合原価計算（Ⅰ）

本章の概要と学習目標

　本章では，製品別計算の中で一類型とされている総合原価計算について学ぶ。製品別計算は，生産形態の類型別に，大きく個別原価計算と総合原価計算に分けられる。その中で，総合原価計算は，同種製品あるいは異種製品を連続生産，大量生産する生産形態を採る工企業に適する原価計算方法である。

　本章の学習目標は，総合原価計算の計算手続きについて理解を得ることである。具体的には，総合原価計算の意義と種類，総合原価計算の計算手続き，勘定連絡，および減損と仕損の会計処理を習得することである。

9-1　総合原価計算の意義と種類

　総合原価計算は，一般に，同じ種類または異なる種類の製品を連続生産，大量生産する製造業において適する原価計算方法と説明される（『原価計算基準』21）。総合原価計算においては，原価計算期間（通常1か月）を媒介として，その期間において生じた原価要素の消費高を総合的に集める。また，同じ期間において生産した製品生産量をそれに対応させることによって，製品1単位当りの平均製造原価を計算する。したがって，個別原価計算とは異なり，原価要素を個々の製品ごとに集める必要はない。それに伴い，月末仕掛品の計算には，総合原価計算特有の按分計算がおこなわれる。

　総合原価計算は，単純総合原価計算，等級別総合原価計算，および組別総合

原価計算に分けられる。**単純総合原価計算**は，一般に，同じ種類の製品を連続生産，大量生産する場合に適する原価計算である。**等級別総合原価計算**は，同じ種類であるが，等級で分けられる等級製品を連続生産する場合に適する原価計算である。**組別総合原価計算**は，異なる種類である組別製品を連続生産する場合に適する原価計算である。なお，等級別総合原価計算と組別総合原価計算については，第10章において学習する。

9-2　単純総合原価計算

単純総合原価計算は，1種類の製品を連続生産する製造業，例えば，製氷業，製粉業，セメント製造業などの工企業に適する総合原価計算の方法である。

9-2-1　単純総合原価計算の手続き

単純総合原価計算は，以下のとおりの手続きでおこなわれる。

① 1原価計算期間（1か月）の間に生じたすべての原価要素を集めて当月製造費用を計算する。

　　当月製造費用＝当月材料費＋当月労務費＋当月経費　　（9－1）

② 当月製造費用と月初仕掛品原価を加えて総製造費用を計算する。

　　総製造費用＝月初仕掛品原価＋当月製造費用　　（9－2）

③ 月末仕掛品原価を計算する。なお，これを**月末仕掛品の計算**をおこなうと表現する。

④ 総製造費用から月末仕掛品原価を差引き，完成品総合原価を計算する。

　　完成品総合原価＝総製造費用－月末仕掛品原価　　（9－3）

⑤ 完成品総合原価を完成品数量で割って，完成品単位原価を計算する。

　　完成品単位原価＝完成品総合原価÷完成品数量　　（9－4）

9-2-2　月末仕掛品原価の計算

　総合原価計算では，1か月間において生じた原価要素の消費高を総合的に把握する。この関係から，総製造費用を完成品総合原価の部分と，月末仕掛品原価の部分とに按分する計算が必要となる。この月末仕掛品に原価を按分する計算は，月末仕掛品の計算とよばれる。この月末仕掛品の計算方法には，平均法，先入先出法などがある。

　月末仕掛品原価の計算は，通常，直接材料費と加工費（直接材料費以外の材料費・労務費・経費）に分けて計算される。なぜなら，直接材料費と加工費とでは，原価要素の発生の仕方が異なるからである。例えば，材料を製造の最初にすべて投入する。その後に，加工をおこなう工場において，材料に関しては，完成品も月末仕掛品も同じだけ材料費がかかっている。これに対し，加工費は，製造工程の進行の程度に応じてかかってくる。それゆえ，加工費の計算においては，月末仕掛品の仕上がり程度（これを**加工進捗度**という）を計算に取入れなければならない。加工進捗度とは，完成品1単位に含まれる加工費に対して，月末仕掛品に含まれる加工費がどの程度消費されているかの割合のことをいう。通常0％（未加工）から100％（完成）までのパーセンテージなどで示される。したがって，総製造費用を完成品総合原価と月末仕掛品原価に按分する際には，その違いを考慮しなければならない。

①　平　均　法

　平均法は，月初仕掛品原価も当月製造費用も別けず両者を合算して，この合計額を完成品総合原価と月末仕掛品原価とに按分する方法である。

$$月末仕掛品原価 = (月初仕掛品原価 + 当月製造費用) \times \frac{月末仕掛品完成品換算数量}{(完成品数量 + 月末仕掛品完成品換算数量)} \quad (9-5)$$

$$月末仕掛品完成品換算数量 = 月末仕掛品数量 \times 進捗度 \quad (9-6)$$

完成品総合原価＝（月初仕掛品原価＋当月製造費用）－月末仕掛品原価　（9－7）

　材料が製造工程の始点ですべて投入される場合に，進捗度は常に100％である。これに対し，加工費は，製造工程の始点から終点にかけて徐々に生ずる。したがって，加工費の計算においては，進捗度を加味して計算しなければならない。

② **先入先出法**

　先入先出法は，まず，工程に先に投入されたもの（月初仕掛品）から完成し，つぎに，当月に投入したものが完成するという仮定を置いて計算する方法である。そこでは，月初仕掛品がまず加工されてすべて完成品になると仮定する。したがって，完成品数量から月初仕掛品の完成品換算数量を差引いた数量と月末仕掛品の完成品換算数量とで，当月製造費用を按分することとなる。

$$月末仕掛品原価 = 当月製造費用 \times \frac{月末仕掛品完成品換算数量}{（完成品数量 - 月初仕掛品完成品換算数量 + 月末仕掛品完成品換算数量）} \quad (9-8)$$

月初仕掛品完成品換算数量＝月初仕掛品数量×進捗度　（9－9）

月末仕掛品完成品換算数量＝月末仕掛品数量×進捗度　（9－10）

完成品総合原価＝（月初仕掛品原価＋当月製造費用）－月末仕掛品原価（9－11）

第9章 総合原価計算（Ⅰ）

例題 9-1 ㈱葛飾工業の以下の資料に基づき，月末仕掛品原価，完成品総合原価，および完成品単位原価を計算しなさい。ただし，月末仕掛品原価は平均法で計算する。なお，材料は工程の始点で投入する。（　）内は加工進捗度を示す。

資料1：生産データ

月初仕掛品数量	400個	(0.5)
当月投入量	800個	
合　計	1,200個	
月末仕掛品数量	200個	(0.4)
完成品数量	1,000個	

資料2：原価データ

月初仕掛品原価
　直接材料費　￥40,000
　加工費　　　￥10,540
当月製造費用
　直接材料費　￥92,000
　加工費　　　￥44,000

●例題解答 9-1●

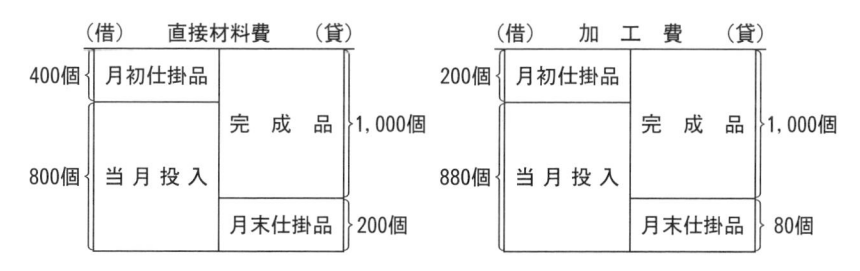

```
（借）　直接材料費　（貸）              （借）　加　工　費　（貸）
400個 ┤月初仕掛品├                    200個 ┤月初仕掛品├
       ┤         ├完 成 品├1,000個          ┤         ├完 成 品├1,000個
800個 ┤当月投入  ├                    880個 ┤当月投入  ├
       ┤         ├月末仕掛品├200個           ┤         ├月末仕掛品├80個
```

① 月末仕掛品原価

　直接材料費　（￥40,000＋￥92,000）÷（1,000個＋200個）×200個＝￥22,000
　加工費　　　（￥10,540＋￥44,000）÷（1,000個＋80個*1）×80個＝￥4,040
　　　　　　　　　　　　　　　　　　　　　　　　　　　　　　計￥26,040
　　＊1：200×0.4＝80個

② 完成品総合原価

　直接材料費　（40,000＋92,000）－22,000＝￥110,000
　加工費　　　（10,540＋44,000）－4,040＝￥50,500　　　計￥160,500

③ 完成品単位原価

　￥160,500÷1,000個＝￥160.5／個

例題 9-2

例題 9-1 の月末仕掛品を先入先出法で計算しなさい。

●例題解答 9-2●

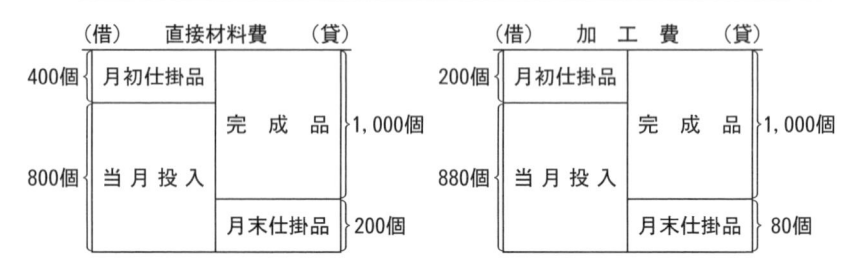

	(借) 直接材料費 (貸)			(借) 加工費 (貸)	
400個	月初仕掛品		200個	月初仕掛品	
		完成品 1,000個			完成品 1,000個
800個	当月投入		880個	当月投入	
		月末仕掛品 200個			月末仕掛品 80個

① 月末仕掛品原価

　　直接材料費　¥92,000÷(600個*¹＋200個)×200個＝¥23,000

　　加工費　　　¥44,000÷(800個*²＋80個*³)×80個＝¥4,000

　　　　　　　　　　　　　　　　　　　　　　　　　計¥27,000

　　　＊1：1,000－400＝600個　　＊2：1,000－200＝800個
　　　＊3：200×0.4＝80個

② 完成品総合原価

　　直接材料費　(40,000＋92,000)－23,000＝¥109,000

　　加工費　　　(10,540＋44,000)－4,000＝¥50,540　　　計¥159,540

③ 完成品単位原価

　　¥159,540÷1,000個＝¥159.54円／個

9-3　減損および仕損

　ここまでの例では，投入量（月初仕掛品数量＋当月投入量）と産出量（完成品数量＋月末仕掛品数量）が等しい場合を取上げてきた。しかし，通常の製造工程では，投入量より産出量が少ない場合が多くみられる。この産出量が投入量よりも少ない場合，この材料の減少を**歩減り**という。歩減りは，減損や仕損

によって生ずる。

　減損とは，製造工程の途中で加工の進捗により生じる材料の歩減りである。材料は，製品の加工途中で屑となって飛び散ってしまったり，蒸発したりしてなくなる部分が生じる。これが減損である。また，**仕損**とは，加工途中において何らかの原因によって完成品とならなかったものをいう。減損および仕損の処理方法は，同様であるので，減損を主に説明をおこなう。

　減損は，その発生額によって正常減損と異常減損に分けられる。**正常減損**は，製造上不可避的に生じるものである。だから，これを良品（完成品や月末仕掛品）に負わせる（『原価計算基準』27）。すなわち，正常減損費は，良品を造るために必要な原価である。したがって，この発生した正常減損費を完成品総合原価や月末仕掛品原価に算入させる必要がある。**異常減損**は，異常な状態（例えば，地震，台風など）を原因として生じるものである。それゆえ，これは，非原価項目として処理することとなる。

　正常減損の処理方法には，正常減損度外視法と正常減損非度外視法の2通りの処理方法がある。ここにおいては，正常減損度外視法を取上げる。

　正常減損度外視法は，減損発生時を想定して完成品総合原価と月末仕掛品原価を計算する方法である。一種の簡便法として認められてきた方法である。

　一般に，正常減損度外視法では，正常減損が工程の始点あるいは工程の途中で生じたものと仮定する。したがって，完成品と月末仕掛品の両方が，正常減損費を負うことになる。この場合には，その減損分が最初から投入されなかったとして，計算がおこなわれる。また，正常減損が工程の終点で生じた場合には，完成品だけが正常減損費を負うことになる。ここでは，正常減損発生点と月末仕掛品の進捗度を考慮した方法を取上げる。

第Ⅳ編　原価の製品別計算

例題 9-3

㈱葛飾工業の以下の資料に基づき，月末仕掛品原価，完成品総合原価，および完成品単位原価を計算しなさい。材料は工程の始点で投入する。また，（　）内は加工進捗度を示す。

資料1：生産データ

月初仕掛品数量	2,000kg	(0.5)
当月投入量	18,000kg	
合　　計	20,000kg	
正常減損	2,000kg	
月末仕掛品数量	3,000kg	(0.4)
完成品数量	15,000kg	

資料2：原価データ

月初仕掛品原価		
直接材料費	￥	1,800
加工費	￥	1,181
当月製造費用		
直接材料費	￥	10,800
加工費	￥	16,720

（1）減損が一定点（0.3）で生じた場合

　① 先入先出法により，月末仕掛品原価，完成品総合原価，および完成品単位原価を求めなさい。

　② 平均法により，月末仕掛品原価，完成品総合原価，および完成品単位原価を求めなさい。

（2）減損が工程を通じて平均的に生じた場合

　① 先入先出法により，月末仕掛品原価，完成品総合原価，および完成品単位原価を求めなさい。

　② 平均法により，月末仕掛品原価，完成品総合原価，および完成品単位原価を求めなさい。

●例題解答 9-3●

（1）減損は，0.3の進捗度で生じている。月末仕掛品は，減損発生地点を通り過ぎている。したがって，減損費は，完成品と月末仕掛品がともに負うこととなる。

① 先入先出法

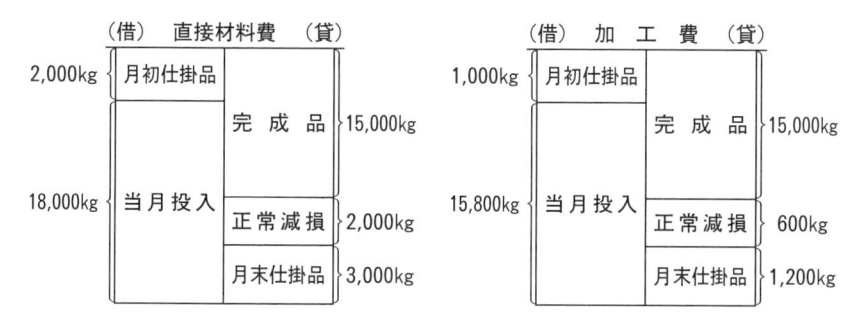

（借）	直接材料費	（貸）
2,000kg { 月初仕掛品		
	完 成 品	15,000kg
18,000kg { 当月投入	正常減損	2,000kg
	月末仕掛品	3,000kg

（借）	加 工 費	（貸）
1,000kg { 月初仕掛品		
	完 成 品	15,000kg
15,800kg { 当月投入	正常減損	600kg
	月末仕掛品	1,200kg

月末仕掛品原価

　直接材料費　￥10,800÷(13,000kg^{*1}＋3,000kg)×3,000kg＝￥2,025

　加工費　　　￥16,720÷(14,000kg^{*2}＋1,200kg^{*3})×1,200kg＝￥1,320

　　　　　　　　　　　　　　　　　　　　　　　　　　計￥3,345

　　＊1：15,000－2,000＝13,000kg

　　＊2：15,000－2,000×0.5＝14,000kg　　＊3：3,000×0.4＝1,200kg

完成品総合原価

　直接材料費　(1,800＋10,800)－2,025＝￥10,575

　加工費　　　(1,181＋16,720)－1,320＝￥16,581　　計￥27,156

完成品単位原価　￥27,156÷15,000kg＝￥1.810／kg

　なお，完成品単位原価の計算においては，小数点以下第4位を四捨五入して第3位まで求める。

② 平　均　法

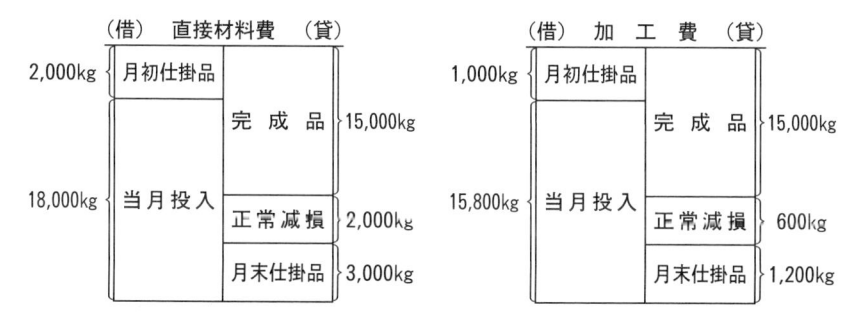

（借）	直接材料費	（貸）
2,000kg { 月初仕掛品		
	完 成 品	15,000kg
18,000kg { 当月投入	正常減損	2,000kg
	月末仕掛品	3,000kg

（借）	加 工 費	（貸）
1,000kg { 月初仕掛品		
	完 成 品	15,000kg
15,800kg { 当月投入	正常減損	600kg
	月末仕掛品	1,200kg

月末仕掛品原価

　　直接材料費　（¥1,800＋¥10,800）÷（15,000kg＋3,000kg）×3,000kg＝¥2,100

　　加工費　　　（¥1,181＋¥16,720）÷（15,000kg＋1,200kg*4）×1,200kg＝¥1,326

　　　　　　　　　　　　　　　　　　　　　　　　　　　　　計¥3,426

　　＊4：3,000×0.4＝1,200kg

完成品総合原価

　　直接材料費　（1,800＋10,800）－2,100＝¥10,500

　　加工費　　　（1,181＋16,720）－1,326＝¥16,575　　計¥27,075

完成品単位原価　¥27,075÷15,000kg＝¥1.805／kg

（2）減損は工程を通じて平均的に生じているので，加工進捗度は50％として計算する。しかし，減損の発生については，度外視して計算をおこなうので，結局（1）と同じ解答となる。

① 先入先出法

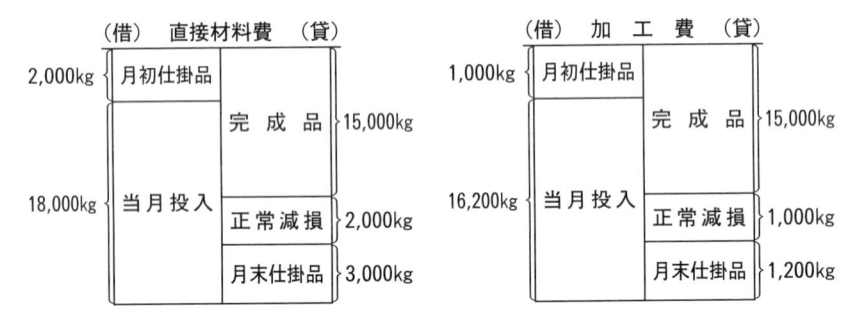

（借） 直接材料費 （貸）		
2,000kg	月初仕掛品	
		完成品 15,000kg
18,000kg	当月投入	正常減損 2,000kg
		月末仕掛品 3,000kg

（借） 加工費 （貸）		
1,000kg	月初仕掛品	
		完成品 15,000kg
16,200kg	当月投入	正常減損 1,000kg
		月末仕掛品 1,200kg

② 平均法

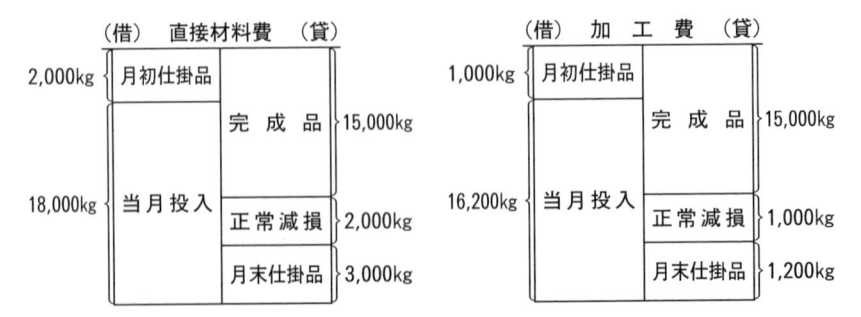

（借） 直接材料費 （貸）		
2,000kg	月初仕掛品	
		完成品 15,000kg
18,000kg	当月投入	正常減損 2,000kg
		月末仕掛品 3,000kg

（借） 加工費 （貸）		
1,000kg	月初仕掛品	
		完成品 15,000kg
16,200kg	当月投入	正常減損 1,000kg
		月末仕掛品 1,200kg

第9章 総合原価計算（Ⅰ）

例題 9-4 ㈱葛飾工業の以下の資料に基づき，月末仕掛品原価，完成品総合原価，および完成品単位原価を計算しなさい。材料は工程の始点で投入する。また，（　）内は加工進捗度を示す。

資料1：生産データ　　　　　　　　資料2：原価データ

月初仕掛品数量	2,000kg（0.5）	月初仕掛品原価	
当月投入量	18,000kg	直接材料費	¥2,000
合　計	20,000kg	加工費	¥1,020
正常減損	2,000kg（0.9）	当月製造費用	
月末仕掛品数量	3,000kg（0.4）	直接材料費	¥16,200
完成品数量	15,000kg	加工費	¥20,400

（1）先入先出法により，月末仕掛品原価，完成品総合原価，および完成品単位原価を求めなさい。

（2）平均法により，月末仕掛品原価，完成品総合原価，および完成品単位原価を求めなさい。

●例題解答 9-4●

減損は，0.9の進捗度で生じている。月末仕掛品は，減損発生地点を通り過ぎていない。したがって，減損費は，完成品のみが負うこととなる。完成品のみに負わせるため，分母に減損発生量を加える。

（1）先入先出法

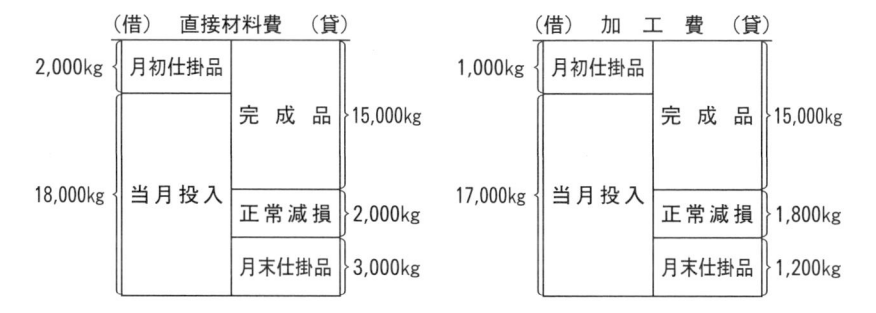

	（借）　直接材料費　（貸）	
2,000kg	月初仕掛品	
		完　成　品　15,000kg
18,000kg	当月投入	正常減損　2,000kg
		月末仕掛品　3,000kg

	（借）　加　工　費　（貸）	
1,000kg	月初仕掛品	
		完　成　品　15,000kg
17,000kg	当月投入	正常減損　1,800kg
		月末仕掛品　1,200kg

127

月末仕掛品原価

　　直接材料費　￥16,200÷(13,000kg*1+3,000kg+2,000kg)×3,000kg=￥2,700

　　加工費　　　￥20,400÷(14,000kg*2+1,200kg*3+1,800kg*4)×1,200kg=￥1,440

　　　　　　　　　　　　　　　　　　　　　　　　　　　　　　　　計￥4,140

　　　*1：15,000−2,000=13,000kg　　*2：15,000−2,000×0.5=14,000kg

　　　*3：3,000×0.4=1,200kg　　　　*4：2,000×0.9=1,800kg

完成品総合原価

　　直接材料費　(2,000+16,200)−2,700=￥15,500

　　加工費　　　(1,020+20,400)−1,440=￥19,980　　　計￥35,480

　完成品単位原価　￥35,480÷15,000kg=￥2.365／kg

（2）平均法

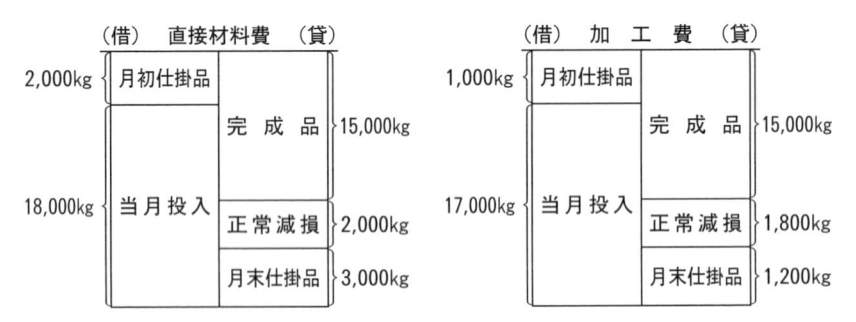

	（借）直接材料費（貸）	
2,000kg	月初仕掛品	完成品 15,000kg
18,000kg	当月投入	正常減損 2,000kg
		月末仕掛品 3,000kg

	（借）加工費（貸）	
1,000kg	月初仕掛品	完成品 15,000kg
17,000kg	当月投入	正常減損 1,800kg
		月末仕掛品 1,200kg

月末仕掛品原価

　　直接材料費　（￥2,000+￥16,200）÷(15,000kg+3,000kg+2,000kg)
　　　　　　　　　　　　　　　　　　　　　　×3,000kg=￥2,730

　　加工費　　　（￥1,020+￥20,400）÷(15,000kg+1,200kg*5+1,800kg*6)
　　　　　　　　　　　　　　　　　　　　　　×1,200kg=￥1,428

　　　　　　　　　　　　　　　　　　　　　　　　　　　　　　　　計￥4,158

　　　*5：3,000×0.4=1,200kg　　*6：2,000×0.9=1,800kg

完成品総合原価

　　直接材料費　(2,000+16,200)−2,730=￥15,470

　　加工費　　　(1,020+20,400)−1,428=￥19,992　　　計￥35,462

　完成品単位原価　￥35,462÷15,000kg=￥2.364／kg

9-4　単純総合原価計算の記帳

　単純総合原価計算においては，同種製品の製造がおこなわれている（図表9-1参照）。したがって，原価要素は，製造直接費と製造間接費に分ける必要がない。すなわち，製造間接費勘定は設けられない。

　各原価要素の消費高は，各原価要素勘定の貸方と仕掛品勘定の借方に記入される。完成品原価は，仕掛品勘定の貸方と製品勘定の借方に記入される。

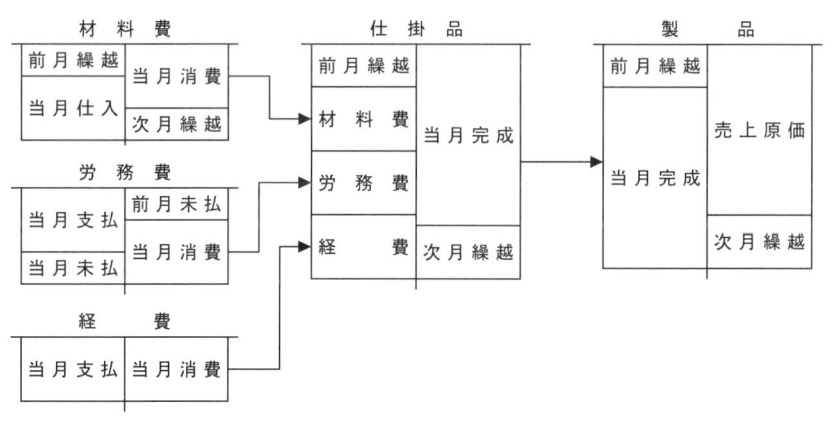

```
    材　料　費              仕　掛　品              製　　品
┌───────┬───────┐    ┌───────┬───────┐    ┌───────┬───────┐
│前月繰越│当月消費│    │前月繰越│        │    │前月繰越│        │
├───────┤        │    ├───────┤        │    │        │売上原価│
│当月仕入│        │──→│材 料 費│当月完成│    │        │        │
│        ├───────┤    ├───────┤        │──→│当月完成├───────┤
│        │次月繰越│    │労 務 費│        │    │        │        │
└───────┴───────┘    ├───────┼───────┤    │        │次月繰越│
                        │経　　費│次月繰越│    └───────┴───────┘
    労　務　費          └───────┴───────┘
┌───────┬───────┐       ↑
│当月支払│前月未払│       │
├───────┤        │───────┤
│        │当月消費│
│        ├───────┤
│当月未払│        │
└───────┴───────┘

    経　　費
┌───────┬───────┐
│当月支払│当月消費│──→
└───────┴───────┘
```

図表9-1　単純総合原価計算における勘定連絡図

本章のまとめ

　本章においては，総合原価計算の基本である単純総合原価計算について学んできた。単純総合原価計算は，原価計算期間を媒介として当該期間に消費した原価要素を期間生産量に対応させることによって，完成品の単位原価を求める方法である。この計算方法を学習してきた。また，生産上不可避的に生じる正常減損などの処理方法について学んできた。

第IV編 原価の製品別計算

問題9 ㈱葛飾工業の以下の資料に基づき，先入先出法によって月末仕掛品原価，完成品総合原価，および完成品単位原価を計算しなさい。材料は工程の始点で投入する。また，（　）内は加工進捗度を示す。

資料1：生産データ

　　月初仕掛品数量　2,000kg（0.5）
　　当月投入量　　　6,000kg
　　　合　計　　　　8,000kg
　　正常減損　　　　1,000kg（0.2）
　　月末仕掛品数量　1,500kg（0.4）
　　完成品数量　　　5,500kg

資料2：原価データ

　　月初仕掛品原価
　　　直接材料費　￥7,000
　　　加工費　　　￥5,000
　　当月製造費用
　　　直接材料費　￥30,000
　　　加工費　　　￥51,000

●問題解答欄9●

月末仕掛品原価

完成品総合原価

完成品単位原価

第10章 総合原価計算（II）

本章の概要と学習目標

　本章では，総合原価計算の中の組別総合原価計算，等級別総合原価計算，さらに工程別総合原価計算について学ぶ。単純総合原価計算は，一種類の製品あるいは一種類と見做しうる製品を連続生産する工企業に適する総合原価計算であった。だが，実際には，一種類の製品のみを生産する工企業は稀である。工企業において生産される製品は，通常，複数種類である。このときに，工企業に適するものが，組別総合原価計算であり，等級別総合原価計算である。また，単一工程で製品製造が完了することも稀である。このときに，工程別総合原価計算が適する。

　本章の学習目標は，組別総合原価計算，等級別総合原価計算，および工程別総合原価計算の計算手続きを習得することである。

10-1　組別総合原価計算

　組別総合原価計算は，種類の異なる組別製品を連続生産，大量生産する場合に適する総合原価計算である（『原価計算基準』23）。同じ製造工程で異なる種類の製品が造られる場合に適する。したがって，多くの工企業で採られている方法である。

10-1-1 組別総合原価計算の手続き

組別総合原価計算では，製品の種類ごとに組が作られ，以下のとおりの手続きで計算がおこなわれる（図表 10-1 参照）。

① 当月製造費用は，各組の製品を造るために直接的に生じた**組直接費**と各組を造るために間接的に生じた**組間接費**に分けられる。
② 組直接費は，それぞれの組に賦課する。また，組間接費は，個別原価計算の製造間接費と同じように，適切な配賦基準によって各組に配賦する。
③ ①と②の作業が終われば，各組ごとに製造費用が集められることになる。したがって，単純総合原価計算と同様に各組の完成品総合原価と月末仕掛品原価を計算する。
④ 各組ごとの完成品総合原価が計算されれば，各組完成品数量で割って，各組完成品の単位原価を計算する。

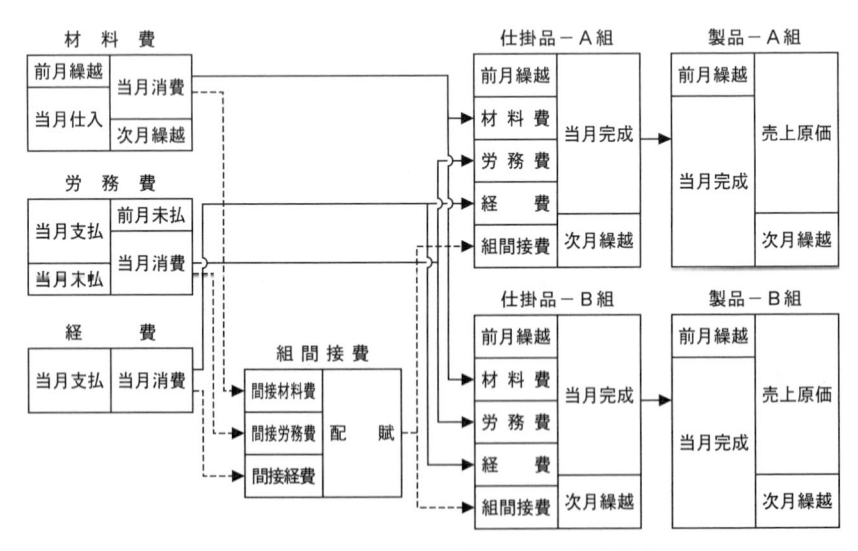

図表 10-1　組別総合原価計算における勘定連絡図

第10章　総合原価計算（Ⅱ）

例題10-1

㈱葛飾工業の以下の資料に基づき，各製品の完成品総合原価および完成品単位原価を計算しなさい。ただし，月末仕掛品原価は平均法で計算する。なお，材料は工程の始点で投入する。（　）内は加工進捗度を示す。

資料1：生産データ

	《ガラス製品》	《ビン製品》
月初仕掛品	1,200個（0.2）	1,500個（0.4）
当月投入	25,000個	18,900個
計	26,200個	20,400個
月末仕掛品	800個（0.8）	1,400個（0.5）
完成品	25,400個	19,000個

資料2：原価データ

月初仕掛品原価

	《ガラス製品》	《ビン製品》
直接材料費	¥2,880	¥7,380
加工費	¥477	¥1,860

当月製造費用

	《ガラス製品》	《ビン製品》
直接材料費	¥49,520	¥92,580
直接労務費	¥47,757	¥61,360
組間接費	¥12,180	

組間接費は，直接作業時間を用いて各製品に配賦する。

　　ガラス製品：215h　　ビン製品：191h

●例題解答 10-1●

組間接費は，直接作業時間を基準に各組に配賦する。

　¥12,180÷（215h＋191h）×215h＝¥6,450　→　ガラス製品に配賦

　¥12,180÷（215h＋191h）×191h＝¥5,730　→　ビン製品に配賦

ガラス製品
　月末仕掛品原価
　　直接材料費　（¥2,880＋¥49,520）÷（25,400個＋800個）×800個＝¥1,600
　　加工費　　　（¥477＋¥47,757＋¥6,450）÷（25,400個＋640個）×640個＝¥1,344
　　　　　　　　　　　　　　　　　　　　　　　　　　　　　　　計¥2,944

　完成品総合原価
　　直接材料費　（2,880＋49,520）－1,600＝¥50,800
　　加工費　　　（477＋47,757＋6,450）－1,344＝¥53,340　　計¥104,140

　完成品単位原価
　　¥104,140÷25,400個＝¥4.1円／個
　　　なお，完成品単位原価が割切れない場合においては，小数点以下第4位を四捨五入して第3位まで求めることとする。

ビン製品
　月末仕掛品原価
　　直接材料費　（¥7,380＋¥92,580）÷（19,000個＋1,400個）×1,400個＝¥6,860
　　加工費　　　（¥1,860＋¥61,360＋¥5,730）÷（19,000個＋700個）×700個＝¥2,450
　　　　　　　　　　　　　　　　　　　　　　　　　　　　　　　計¥9,310

　完成品総合原価
　　直接材料費　（7,380＋92,580）－6,860＝¥93,100
　　加工費　　　（1,860＋61,360＋5,730）－2,450＝¥66,500　　計¥159,600

　完成品単位原価
　　¥159,600÷19,000個＝¥8.4／個

10-2　等級別総合原価計算

等級別総合原価計算は，同じ工程において，同種製品を連続生産，大量生産する。なお，それらの製品が大きさ，重さ，品質などによって等級別に区分できる場合に適する総合原価計算である（『原価計算基準』22）。

これらの製品は同種製品であるが，大きさなどによって区分するので，製品1単位当りの製造原価は当然異なる。それゆえ，これらの製品に組別総合原価計算を適することも可能である。しかしながら，これらの製品は，同種製品であり，各製品（等級製品という）の原価発生割合を把握することができる。この場合，わざわざ組別総合原価計算を適しなくとも，各製品の製造原価を計算することができる。

この計算をおこなうにあたって用いられるのが等価係数である。**等価係数**とは，各等級製品の大きさや重さなど，原価の発生と関係のある各製品の性質に基づいて決められる基準であり，各等級製品に換算する比率のことである。

等級別総合原価計算には，等価係数を適する場面が異なることによって2通りの計算方法がある。1つは，等価係数を完成品総合原価に適して，各等級製品の原価を計算する方法である（『原価計算基準』22(一)）。もう1つは，当月製造費用に等価係数を適して，各等級製品の原価を計算する方法である（『原価計算基準』22(二)）。

10-2-1　等価係数を完成品総合原価に適する方法

完成品総合原価に適する場合，等価係数に基づいて，完成品総合原価を各等級製品に按分する。まず，単純総合原価計算と同様に完成品総合原価と月末仕掛品原価を計算する。そののち，等価係数を使った積数の比によって完成品総合原価を各等級製品に按分することとなる。この方法は，いわば単純総合原価計算に近い等級別総合原価計算である（図表10-2参照）。

第Ⅳ編　原価の製品別計算

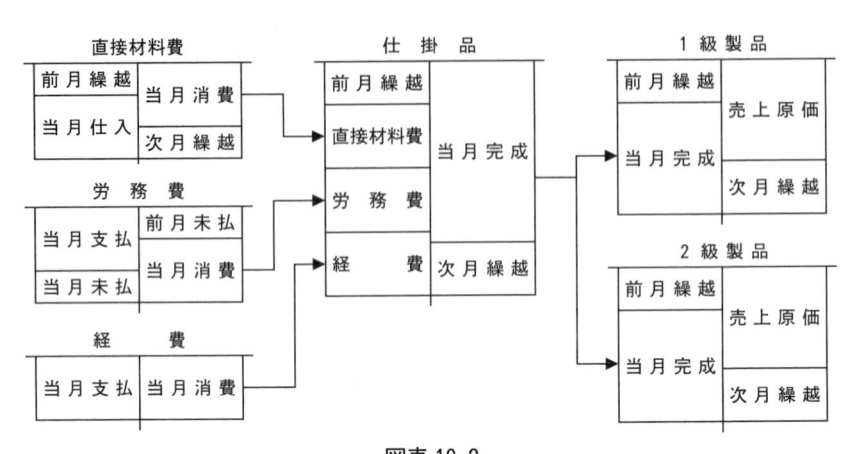

図表 10-2
等価係数を完成品総合原価に適する等級別総合原価計算における勘定連絡図

例題10-2

㈱葛飾工業の以下の資料に基づき，各等級製品の完成品総合原価および完成品単位原価を計算しなさい。ただし，月末仕掛品原価は，先入先出法で計算する。なお，材料は工程の始点で投入する。（　　）内は加工進捗度を示す。

資料1：生産データ

月初仕掛品	800個（0.5）
当月投入	6,200個
計	7,000個
月末仕掛品	1,000個（0.3）
完成品	6,000個

完成品の内訳は，1級製品が4,000個，2級製品が2,000個である。

資料2：原価データ

月初仕掛品原価		当月製造費用	
直接材料費	¥6,040	直接材料費	¥45,260
加工費	¥3,040	加工費	¥38,940

資料3：等 価 係 数

　　1級製品：1　　2級製品：0.8

●例題解答 10-2 ●

まず，上記資料によって，月末仕掛品原価と完成品総合原価を計算する。

月末仕掛品原価

　直接材料費　￥45,260÷(5,200個＋1,000個)×1,000個＝￥7,300

　加工費　　　￥38,940÷(5,600個＋300個)×300個＝￥1,980

　　　　　　　　　　　　　　　　　　　　　　　　　　計￥9,280

完成品総合原価

　直接材料費　(6,040＋45,260)－7,300＝￥44,000

　加工費　　　(3,040＋38,940)－1,980＝￥40,000　　　計￥84,000

続いて，完成品総合原価を各等級製品に等価係数を使って按分する。等価係数を使って積数を計算し，そののちに完成品総合原価を積数の比によって按分する。

	生産量	等価係数	積　数	按分原価	単位原価
1級製品	4,000	1.0	4,000	￥60,000	￥15／個
2級製品	2,000	0.8	1,600	￥24,000	￥12／個
			5,600	￥84,000	

10-2-2　等価係数を当月製造費用に適する方法

当月製造費用に適する場合，まず，当月製造費用に等価係数を適し，当月製造費用を各等級製品に按分する。そののち，各等級製品に完成品総合原価と月末仕掛品原価を計算する。この方法は，いわば組別総合原価計算に近い等級別総合原価計算である（図表 10-3 参照）。

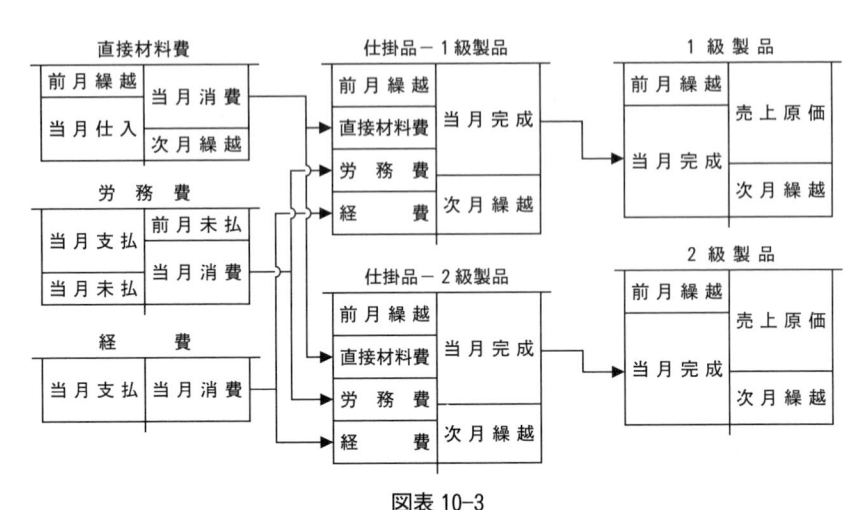

図表10-3
等価係数を当月製造費用に適する等級別総合原価計算における勘定連絡図

例題10-3 ㈱葛飾工業の以下の資料に基づき，各等級製品の完成品総合原価および完成品単位原価を計算しなさい。ただし，月末仕掛品原価は，先入先出法で計算する。なお，材料は工程の始点で投入する。（　）内は加工進捗度を示す。

資料1：生産データ

	1級製品	2級製品
月初仕掛品	100個（0.4）	300個（0.7）
当月投入	2,500個	3,200個
計	2,600個	3,500個
月末仕掛品	200個（0.8）	200個（0.5）
完成品	2,400個	3,300個

資料2：原価データ

　月初仕掛品原価

　　1級製品　直接材料費　¥1,460　加工費　¥616
　　2級製品　直接材料費　¥3,580　加工費　¥1,663

第10章　総合原価計算（Ⅱ）

当月製造費用

　　直接材料費　　¥60,720　　加工費　¥42,777

資料3：等　価　係　数

　　直接材料費　　1級製品：2級製品＝1：0.8

　　加工費　　　　1級製品：2級製品＝1：0.7

●例題解答 10-3●

まず，当月製造費用を各等級製品に等価係数を使って按分する。

積数計算表

	直接材料費				加工費			
	1級製品	2級製品	2級製品×0.8	合計	1級製品	2級製品	2級製品×0.7	合計
月初仕掛品	100	300	240	340	40	210	147	187
当月投入	2,500	3,200	2,560	5,060	2,520	3,190	2,233	4,753
計	2,600	3,500	2,800	5,400	2,560	3,400	2,380	4,940
月末仕掛品	200	200	160	360	160	100	70	230
完成品	2,400	3,300	2,640	5,040	2,400	3,300	2,310	4,710

当月製造費用の等級別按分計算

　　直接材料費　　1級製品　　60,720÷5,060×2,500＝¥30,000

　　　　　　　　　2級製品　　60,720÷5,060×2,560＝¥30,720

　　加工費　　　　1級製品　　42,777÷4,753×2,520＝¥22,680

　　　　　　　　　2級製品　　42,777÷4,753×2,233＝¥20,007

この計算により，当月製造費用が各等級製品に按分される。そののちは，等級製品ごとに計算をおこなう。

1級製品

　月末仕掛品原価

　　直接材料費　¥30,000÷(2,300個＋200個)×200個＝¥2,400

　　加工費　　　¥22,680÷(2,360個＋160個)×160個＝¥1,440　計¥3,840

　完成品総合原価

　　直接材料費　(1,460＋30,000)－2,400＝¥29,060

　　加工費　　　(616＋22,680)－1,440＝¥21,856　　　　　　計¥50,916

完成品単位原価
　　¥50,916÷2,400個＝¥21.215／個

2級製品
　月末仕掛品原価
　　直接材料費　¥30,720÷(3,000個＋200個)×200個＝¥1,920
　　加工費　　　¥20,097÷(3,090個＋100個)×100個＝¥630　計¥2,550
　完成品総合原価
　　直接材料費　(3,580＋30,720)－1,920＝¥32,380
　　加工費　　　(1,663＋20,097)－630＝¥21,130　　　　　　計¥53,510
　完成品単位原価
　　¥53,510÷3,300個＝¥16.215／個

10-3　工程別総合原価計算

　単純総合原価計算では，単一工程での連続製造をおこなってきた。ところが，実際の工場において，製品が単一の製造工程で完成することは稀である。実際には連続する複数の製造工程を経て，製品は完成する。このとおりに，製品が連続する製造工程を経て完成する場合，各工程別に原価を計算する方法を**工程別総合原価計算**という（『原価計算基準』25）。この方法は，多くの製造業で用いられている方法である。

　工程別総合原価計算をおこなう場合に，全原価要素を工程別に計算する場合と加工費のみを工程別に計算する場合とがある。なお，工程別総合原価計算は，単純総合原価計算，等級別総合原価計算，および組別総合原価計算でおこなわれうる。ここでは，単純総合原価計算を例として学習する。

10-3-1　全原価要素工程別単純総合原価計算

　全原価要素工程別単純総合原価計算においては，各工程を１つの単位（部門）

と考え，各工程に当月製造費用を集めて計算がおこなわれる（図表 10-4 参照）。各工程に直接材料費と加工費が集められたのち，単純総合原価計算と同じ方法で各工程の完成品総合原価と月末仕掛品原価の計算をおこなう。このとき，第 1 工程の完成品（工程完了品）は第 2 工程に振替えられる。したがって，第 2 工程では，それを引継ぎ，さらに加工をしていく。

工程別総合原価計算では，第 1 工程の完成品総合原価が第 2 工程へと順に振替えられていく。このとおりの計算方法を**累加法**という。その場合，第 2 工程においては，第 1 工程から振替えられてきた第 1 工程の完成品総合原価を**前工程費**として計算に加えなければならない。この場合の前工程費は，工程の始点で投入された直接材料と見做すことができる。前工程費の計算は，始点投入の直接材料費と同様の計算をおこなう。

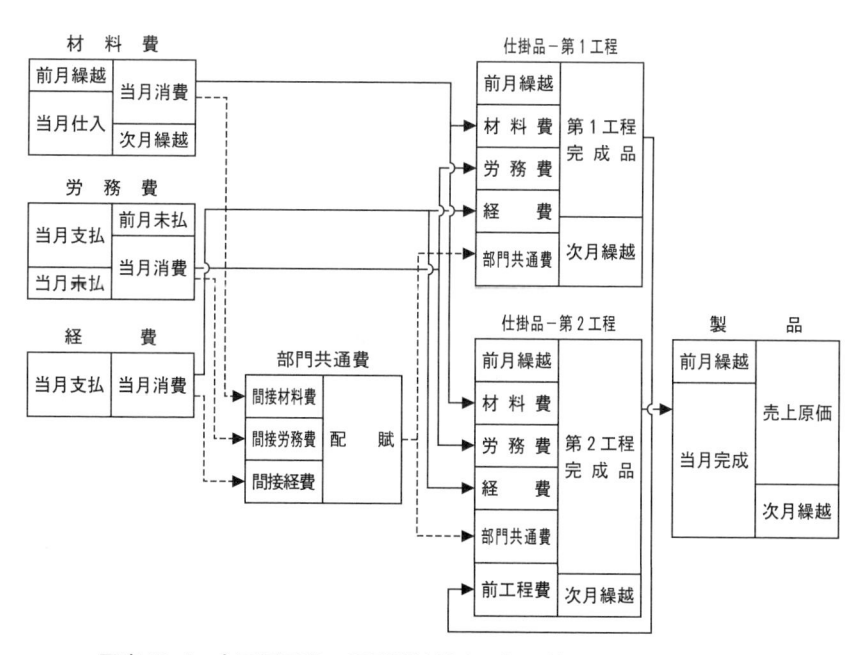

図表 10-4　全原価要素工程別単純総合原価計算における勘定連絡図

第Ⅳ編　原価の製品別計算

例題10-4　㈱葛飾工業の以下の資料に基づき，各工程の完成品（工程完了品）総合原価と完成品単位原価を計算しなさい。

資料1：生産データ

	第1工程	第2工程
月初仕掛品	100kg（0.6）	400kg（0.4）
当月投入	900kg	800kg
計	1,000kg	1,200kg
月末仕掛品	200kg（0.5）	200kg（0.5）
完成品	800kg	1,000kg

資料2：原価データ

	第1工程		第2工程		
	直接材料（ケイ砂）	加工費	前工程費	直接材料（木炭）	加工費
月初仕掛品	¥1,900	¥2,700	¥30,000	¥17,600	¥4,300
当月製造費用	¥18,000	¥50,400	―	¥40,000	¥34,780

資料3：計算条件

① 直接材料（ケイ砂）は第1工程の始点で，直接材料（木炭）は第2工程の始点で投入する。
② 月末仕掛品の計算は先入先出法による。
③ 第1工程完成品は，すべて第2工程に振替える。

●例題解答 10-4●

第1工程の計算
　月末仕掛品原価
　　直接材料費（ケイ砂）　¥18,000÷(700kg+200kg)×200kg＝¥4,000
　　加工費　　　　　　　　¥50,400÷(740kg+100kg)×100kg＝¥6,000
　　　　　　　　　　　　　　　　　　　　　　　　　　　　　　計¥10,000
　完成品総合原価
　　直接材料費（ケイ砂）　(1,900＋18,000)－4,000＝¥15,900
　　加工費　　　　　　　　(2,700＋50,400)－6,000＝¥47,100　計¥63,000

完成品単位原価

　　¥63,000÷800kg＝¥78.75／kg

この第1工程で計算された完成品総合原価が，第2工程に引継がれる。

第2工程の計算

　月末仕掛品原価

　　前 工 程 費　　　¥63,000÷(600kg＋200kg)×200kg＝¥15,750

　　直接材料費(木炭)　¥40,000÷(600kg＋200kg)×200kg＝¥10,000

　　加工費　　　　　　¥34,780÷(840kg＋100kg)×100kg＝¥3,700

　　　　　　　　　　　　　　　　　　　　　　　　計 ¥29,450

　完成品総合原価

　　前 工 程 費　　　(30,000＋63,000)－15,750＝¥77,250

　　直接材料費(木炭)　(17,600＋40,000)－10,000＝¥47,600

　　加工費　　　　　　(4,300＋34,780)－3,700＝¥35,380

　　　　　　　　　　　　　　　　　　　　　　　　計 ¥160,230

　完成品単位原価

　　¥160,230÷1,000kg＝¥160.23／kg

10-3-2 加工費工程別単純総合原価計算

　加工費工程別単純総合原価計算は，直接材料のすべてが第1工程の始点で投入され，あとの工程では，これに加工をするだけの場合に適する方法である（図表10-5参照）。その場合には，全原価要素を工程別に計算するのではない。すなわち，加工費だけを工程別に計算し，直接材料費は，すべての工程を1つの工程と見做して計算をおこなう。

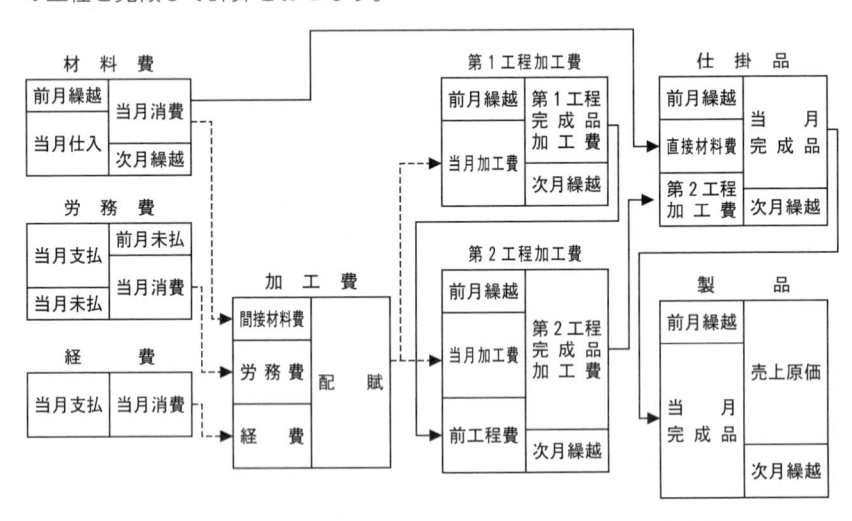

図表10-5　加工費工程別単純総合原価計算における勘定連絡図
(この勘定連絡図において，加工費は，一度加工費勘定に集める場合を想定している。)

第10章 総合原価計算（Ⅱ）

例題10-5 ㈱葛飾工業の以下の資料に基づき，加工費工程別総合原価計算をおこないなさい。ただし，月末仕掛品原価は平均法で計算する。なお，材料は工程の始点で投入する。（　）内は加工進捗度を示す。

資料1：生産データ

	第1工程	第2工程
月初仕掛品	100kg（0.6）	400kg（0.4）
当月投入	900kg	800kg
計	1,000kg	1,200kg
月末仕掛品	200kg（0.5）	200kg（0.5）
完成品	800kg	1,000kg

資料2：原価データ

	第1工程	第2工程	
	加工費	前工程費	加工費
月初仕掛品	¥6,000	¥25,600	¥5,000
当月製造費用	¥73,200	―	¥30,200

直接材料費の当月製造費用は¥24,300である。各工程の月初仕掛品に含まれる直接材料費の合計は¥12,520である。

●例題解答 10-5●

第1工程（加工費）の計算

　月末仕掛品原価

　　加工費　（¥6,000＋¥73,200）÷（800kg＋100kg）×100kg＝¥8,800

　完成品総合原価

　　加工費　（6,000＋73,200）－8,800＝¥70,400

　完成品単位原価

　　¥70,400÷800kg＝¥88／kg

　加工費工程別総合原価計算では，この第1工程で計算された完成品加工費が第2工程に引継がれる。

第2工程（加工費）の計算

　月末仕掛品原価

　　前工程費　（¥25,600＋¥70,400）÷（1,000kg＋200kg）×200kg＝¥16,000

　　加工費　　（¥5,000＋¥30,200）÷（1,000kg＋100kg）×100kg＝¥3,200

　　　　　　　　　　　　　　　　　　　　　　　　　　　　　計¥19,200

　完成品総合原価

　　前工程費　（25,600＋70,400）－16,000＝¥80,000

　　加工費　　（5,000＋30,200）－3,200＝¥32,000

　　　　　　　　　　　　　　　　　　　　　　　　　　　　　計¥112,000

　完成品単位原価

　　¥112,000÷1,000kg＝¥112／kg

直接材料費の計算

　直接材料費については，全工程を1つの工程と見做して計算をおこなう。

　月末仕掛品原価　（¥12,520＋¥24,300）÷（1,000kg＋200kg＋200kg）

　　　　　　　　　　　　　　　　　　　　×（200kg＋200kg）＝¥10,520

　完成品総合原価　（12,520＋24,300）－10,520＝¥26,300

最終工程完成品原価　112,000＋26,300＝¥138,300

完成品単位原価　　　¥138,300÷1,000kg＝¥138.3／kg

第10章 総合原価計算（Ⅱ）

本章のまとめ

　本章では，組別総合原価計算，等級別総合原価計算，および工程別総合原価計算を学習してきた。組別総合原価計算では，異種製品である組別製品の製品原価を組直接費と組間接費に分けた。その上で，組間接費は，適切な配賦基準によって各組に配賦し，その後，各組別に計算がおこなわれる。等級別総合原価計算には2種類の計算方法がある。そこで，単純総合原価計算に近い方法と組別総合原価計算に近い方法を学んできた。工程別総合原価計算では，前の工程から工程完了品を引継ぎ，当該工程完了品の製造原価を累積していく累加法の計算手続きを学習してきた。

問題10　㈱葛飾工業の以下の資料に基づき，各製品の月末仕掛品原価と完成品総合原価を計算しなさい。

資料1：生産データ

	第1工程		第2工程	
	ガラス製品	ビン製品	ガラス製品	ビン製品
月初仕掛品	200個 (0.5)	400個 (0.8)	300個 (0.3)	300個 (0.5)
当月投入	5,600個	6,200個	5,500個	6,100個
計	5,800個	6,600個	5,800個	6,400個
月末仕掛品	300個 (0.4)	500個 (0.2)	100個 (0.6)	600個 (0.6)
完成品	5,500個	6,100個	5,700個	5,800個

＊カッコ内は加工進捗度を示す。

資料2：原価データ

（1）月初仕掛品原価

	第1工程		第2工程	
	ガラス製品	ビン製品	ガラス製品	ビン製品
直接材料費	¥2,460	¥1,580	—	—
前工程費	—	—	¥8,600	¥2,500
加工費	¥2,186	¥1,440	¥1,200	¥900

（2）当月製造費用

	第1工程		第2工程	
	ガラス製品	ビン製品	ガラス製品	ビン製品
直接材料費	¥68,300	¥26,800	—	—
前 工 程 費	—	—	¥ ?	¥ ?
直接労務費	¥82,780	¥15,800	¥73,737	¥22,856

組間接費のデータは，以下のとおりである。

第1工程　¥15,440　　第2工程　¥17,010

組間接費の配賦基準は，直接作業時間である。

	第1工程	第2工程
ガラス製品	83h	69h
ビン製品	110h	120h

資料3：その他のデータ

（1）材料は全て第1工程の始点で投入する。

（2）月末仕掛品の計算は，第1工程では平均法，第2工程では先入先出法による。

（3）第1工程完成品は，すべて第2工程に振替える。

●問題解答欄10●

ガラス製品

　第1工程月末仕掛品原価

　第1工程完成品総合原価

　第2工程月末仕掛品原価

第2工程完成品総合原価

ビン製品
　第1工程月末仕掛品原価

　第1工程完成品総合原価

　第2工程月末仕掛品原価

　第2工程完成品総合原価

第11章 標準原価計算

本章の概要と学習目標

　本章では，原価管理に有用な原価計算である標準原価計算を学ぶ。標準原価計算は，標準原価で製品原価を計算する方法である。したがって，標準原価計算制度の採用によって，会計制度の枠内で標準原価と実際原価を比べ，差異を求めてこれを分析する。この結果を踏まえて，不能率が生じないように措置することが可能になる。

　本章の学習目標は，標準原価計算の仕組みを習得することである。原価標準とは，標準原価の計算，原価差異の分析，および標準原価計算の勘定記入方法から構成される。これらの学習を通じて，標準原価計算の仕組みを理解することである。

11-1　標準原価計算の意義と目的

　第10章までは，製造業において財務諸表の作成や製品の販売価格決定のために必要な製品原価の算定方法を，**個別原価計算**や**総合原価計算**を通じて学んできた。そこでは，実際に生じた原価（実際原価）に基づいて製品原価が計算される**実際原価計算**が基礎となっていた。しかしながら，市場の成熟により，価格の決定権が工企業の手から離れ，市場価格に従わなければならなくなった。そのときに，工企業では，利益を確保するために原価の節約，すなわち，**原価管理**が大きな課題となった。

　当初，原価管理は，実際に生じた原価の期間比較によっていた。しかし，実

際原価は，事後に算定される原価である。しかも，偶然による原価の変動を含んでいる。したがって，このとおりの原価による期間比較は，原価管理に効果がないことが認められた。

原価を管理するということは，すでに生じてしまった原価同士を比べるのではない。事前に定めた目標となる原価と実際に生じた原価を比べ，この差がなぜ生じたかを分析する。そして，是正のための措置を講じるシステムの構築が必要である。このとき，設ける目標値は，高すぎても低すぎても効果がない。そこで，この目標値は，科学的，統計的調査に基づいて設けられるべきである。これが標準である。これを原価算定に用いた原価計算が**標準原価計算**である。もともと，標準原価計算は，20世紀初頭にアメリカのテイラーによって提唱された科学的管理法の考え方を会計領域に取入れた，原価管理に役立つ原価計算である。

標準原価計算は，つぎのとおりの目的でおこなわれる。
① 原 価 管 理
② 棚卸資産価額および売上原価算定の基礎資料の提供
③ 予 算 編 成
④ 帳簿記帳の簡略化，迅速化

第1に，標準原価計算による原価管理とは，**能率の尺度**としての標準原価を設け，実際に生じた実際原価との差異を分析する。そして，生じた原価差異を責任と関連付けることによって差異が生じないように是正措置を講じる。その結果，原価を目標に近づけ，原価の引下げを可能にすることをいう。

第2に，標準原価は，偶然的な状態から生じる原価変動を除いた原価である。すなわち，**真実の原価**であるとされている。したがって，標準原価計算は，仕掛品，製品などの棚卸資産価額および売上原価を算定する基礎を供する。

第3に，標準原価計算は，予算，とくに見積財務諸表の作成に役立つ。**予算編成**に際しては，科学的な調査に基礎を置いた標準原価が大きな役割を果たす。

第4に，標準原価は予定原価である。それを用いて記帳事務をおこなうと，実際原価が計算されるまで待つ必要がない。したがって，**記帳手続の迅速化**に役立つ。

このとおり，標準原価計算は，原価管理に役立つのみならず，財務諸表作成，予算編成，記帳の迅速化にも役立つ。標準原価計算は，つぎの手順によっておこなわれる。

① 原価標準（単位当りの標準原価）の設定
② 標準原価（原価標準×実際生産量）の算定
③ 実際原価の算定
④ 標準原価と実際原価の比較による原価差異の算定
⑤ 原価差異の分析
⑥ 経営管理者への原価差異の報告
⑦ 原価差異の処理
⑧ 対 策 措 置

なお，原価差異は，通常，売上原価に賦課する。多額の原価差異については，原因を究明して，次期の原価標準を設ける際の資料とする。

11-2　原価標準とは

11-2-1　標準原価カード

標準原価計算の第1歩は，原価標準の設定である。**原価標準**は，製品1単位当り標準原価となる。例えば，直接材料費，直接労務費，および製造間接費の費目別に設けられ，つぎのとおり**標準原価カード**にまとめられる（図表11-1参照）。

標準原価カード			
	標準価格	標準消費数量	標準原価
直接材料費	@¥40	5kg	¥200
直接労務費	@¥30	4h	¥120
製造間接費	@¥20	4h	¥ 80
		単位当り標準原価	¥400

図表 11-1　標準原価カード

11-2-2　標準直接材料費

標準直接材料費は，標準価格と製品単位当りの標準消費量の積である。

製品1単位当り標準直接材料費＝標準単価×標準消費量　（11－1）

標準原価カードでは，　@¥40×5kg＝¥200

標準消費量は，材料の種類ごとに過去の経験の分析，試作品の製作および生産工学などの方法によって，科学的，統計的に決められる。**標準価格**は，期中の価格動向が加味されて決められる。

11-2-3　標準直接労務費

標準直接労務費は，標準賃率と製品単位当りの標準直接作業時間の積である。

製品1単位当り標準直接労務費＝標準賃率×標準直接作業時間　（11－2）

標準原価カードでは，　@¥30×4h＝¥120

標準作業時間は，作業の種類ごとに時間研究や動作研究などの科学的，統計的な調査によって決められる。

標準賃率は，職種別，作業区分別または部門別に予定平均賃率または正常賃率として設けられる。

11-2-4　標準製造間接費

標準製造間接費は，標準配賦率と製品単位当りの標準直接作業時間などの積である。

製品1単位当り標準製造間接費＝標準配賦率×標準直接作業時間など　（11－3）
標準配賦率＝製造間接費予算額÷基準操業度　　　　　　　　　　　（11－4）

標準原価カードでは，　@¥20×4h＝¥80

標準製造間接費は，部門別に予算で設けられる。これは，製造間接費が固定

費部分と変動費部分の両方から成される。したがって，別個に予算化することによって，実際操業度に見合う予算が設けられるからである。製造間接費予算は，固定予算か変動予算で設けられる。

11-3　標準原価の計算

11-3-1　標準原価の種類

標準原価は，①**改訂の頻度**，②**標準の厳格度**によって分類できる。

① 改訂の頻度

標準原価は，設定後，短期的に改訂するのか，改訂せずに固定しておくのかによって，当座標準原価と基準標準原価に分けられる。

当座標準原価は，作業条件の変化や価格要素の変動に即しているかどうかを調べる。そうでなければ，毎期改訂される標準原価である。この標準原価は，計画期間の実情に適合される。したがって，一般に原価管理のみならず，棚卸資産評価や売上原価算定のためにも適する。

基準標準原価は，実際原価の長期的な動向を知るために，期待される原価と実際の原価との比較に用いられる標準原価である。これは，経営の基礎構造に変化のないかぎり，実情が変わっても改訂されない。

② 標準の厳格度

標準原価は，厳格度を基準にして，理想標準原価，正常標準原価，および現実的標準原価に分類できる。

理想標準原価は，技術的に達成可能な最大操業度のもとにおいて最高の能率を前提として設けられた標準原価である。最も厳しい状態で達成可能な標準原価である。

正常標準原価は，長期平均思考に基づき，経営における正常な状態を基礎

とする。これに将来の動向を加味して設けられたのが標準原価である。

現実的標準原価は，通常の製造活動で生ずると認められる余裕を含んでいる。したがって，現実的な能率のもとで達成可能な標準原価である。

11-3-2　標準原価の算定

① 完成品と仕掛品の標準原価の計算

原価計算期末に実際生産量が明らかになると，完成品の標準原価と月末仕掛品の標準原価が計算される。

完成品の標準原価は，つぎのとおりに計算される。

　完成品の標準原価＝原価標準×完成品数量　（11－5）

月末仕掛品の標準原価は，つぎのとおりに計算される。

　月末仕掛品の標準原価＝原価標準×月末仕掛品完成品換算数量　（11－6）

例題11-1　「図表11-1 標準原価カード」に基づいて，下記の資料により，完成品の標準原価と月末仕掛品の標準原価を計算しなさい。なお，材料は工程の始点で投入される。

　　＜生産量のデータ＞　　月初仕掛品　　100個（0.6）
　　　　　　　　　　　　月末仕掛品　　200個（0.5）
　　　　　　　　　　　　完成品　　　1,200個
　　　　　　　　　　　（注）（　）は加工進捗度

●例題解答 11-1●

完成品標準原価　　＠¥400×1,200個＝¥480,000
月末仕掛品原価　　40,000＋12,000＋8,000＝¥60,000
　月末仕掛品標準直接材料費＝＠¥200×200個＝¥40,000
　月末仕掛品標準直接労務費＝＠¥120×200個×0.5＝¥12,000
　月末仕掛品標準製造間接費＝＠¥80×200個×0.5＝¥8,000

② 当月作業量に対する標準原価の計算

標準原価計算では，標準原価と実際原価が比べられ，差異が分析される。このとき，比べられる標準原価は，当月作業量に対する標準原価である。**当月作業量**は次式で計算できる。

当月作業量＝完成品数量＋月末仕掛品完成品換算数量
　　　　　－月初仕掛品完成品換算数量　（11－7）

また，当月作業量に対する標準原価は，次式で計算できる。

当月作業量に対する標準原価＝原価標準×当月作業量（11－8）

例題11-2 原価標準は「図表11-1 標準原価カード」に示すとおりである。**例題11-1**の生産量のデータに基づいて当月作業量に対する標準原価を計算しなさい。

●例題解答 11-2●

直接材料費　＠￥200×1,300個＝￥260,000
直接労務費　＠￥120×1,240個＝￥148,800
製造間接費　＠￥ 80×1,240個＝￥ 99,200
　当月作業量に対する標準原価　￥508,000

当月作業量に対する標準原価の計算は，下記のとおり生産量のデータを表にまとめると計算しやすい。

＜生産量のデータ＞	数　量	換算量	
月初仕掛品	100個	60個	
当 月 投 入	1,300	1,240	⇐ 当月作業量
合　　計	1,400個	1,300個	
月末仕掛品	200	100	
完 成 品	1,200個	1,200個	

11-4 原価差異の分析

11-4-1 直接材料費の差異分析

標準直接材料費と実際直接材料費との間に生じた差額を**直接材料費差異**という。したがって，材料消費価格差異と材料消費数量差異に分けて分析する。**材料消費価格差異**は，標準消費価格と実際消費価格との差から生ずる原価差異である。他方，**材料消費数量差異**は，標準消費数量と実際消費数量との差から生ずる原価差異である。それぞれの算式は以下のとおりである。

材料消費価格差異＝(標準消費価格－実際消費価格)×実際消費数量　(11－9)
材料消費数量差異＝標準消費価格×(標準消費数量－実際消費数量)　(11－10)

材料消費価格差異は，市場価格の変動，価格標準の設定の誤り，購入量・購入方法・購入先の誤りなどから生じる。他方，材料消費数量差異は，仕損・減損や無駄，生産方法の変更，数量標準設定の誤り，能率低下などから生じる。

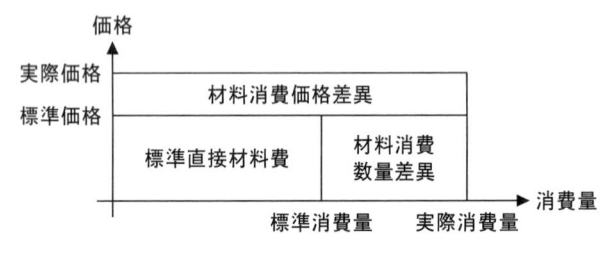

図表 11-2　直接材料費差異の分析

例題11-3 ガラス製品の直接材料費の原価標準は,「図表11-1 標準原価カード」に示すとおりである。また,生産量のデータは **例題11-1** のとおりである。当月の直接材料費の実際原価データは,実際消費価格@¥43,実際消費数量6,600kgであった。以上のデータから,ガラス製品の直接材料費差異の総額を計算し,これを材料消費価格差異と材料消費数量差異に分析しなさい。

●例題解答 11-3 ●

標準直接材料費	@¥40×6,500kg＝	¥260,000
実際直接材料費	@¥43×6,600kg＝	¥283,800
差異総額		－¥ 23,800（不利差異）

※ 標準消費数量は,@5kg×1,300個＝6,500kgで算出した。

材料消費価格差異 （@¥40－@¥43）×6,600kg＝ －¥19,800（不利差異）
材料消費数量差異 @¥40×(6,500kg－6,600kg)＝－¥ 4,000（不利差異）
　　差異総額　　　　　　　　　　　　　　　　　－¥23,800（不利差異）

11-4-2 直接労務費の差異分析

標準直接労務費と実際直接労務費との差額を**直接労務費差異**という。したがって,賃率差異と作業時間差異に分けて分析する。**賃率差異**は,標準賃率と実際賃率との差から生ずる原価差異である。他方,**作業時間差異**は,標準作業時間と実際作業時間との差から生ずる原価差異である。それぞれの算式は以下のとおりである。

賃率差異＝(標準賃率－実際賃率)×実際作業時間　　　(11－11)
作業時間差異＝標準賃率×(標準作業時間－実際作業時間)　(11－12)

賃率差異は,賃率標準の誤り,賃率の変動,工員の構成の変化などによって生じる。他方,作業時間差異は,作業時間標準の誤り,機械・器具・製造方法

の変更，製品設計の変更および作業能率の低下などから生じる。

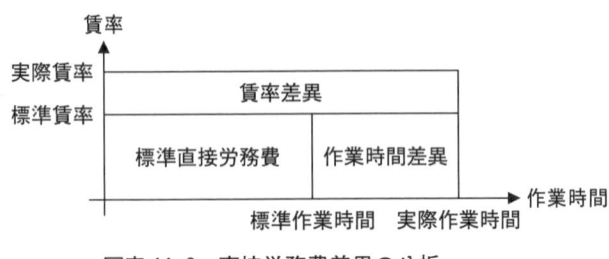

図表 11-3　直接労務費差異の分析

例題11-4　ガラス製品の直接労務費の原価標準は，「図表11-1 標準原価カード」に示すとおりである。また，生産量のデータは 例題11-1 のとおりである。当月の直接労務費の実際原価データは，実際消費賃率＠¥32，実際作業時間4,980時間であった。以上のデータから，ガラス製品の直接労務費差異の総額を計算し，これを賃率差異と作業時間差異に分析しなさい。

●例題解答 11-4 ●

標準直接労務費	＠¥30×4,960h＝	¥148,800
実際直接労務費	＠¥32×4,980h＝	¥159,360
差異総額		－¥ 10,560 　（不利差異）

※　標準作業時間は，＠4h×1,240個＝4,960h で算出した。

賃 率 差 異　（¥30－¥32）×4,980h　＝－¥ 9,960（不利差異）
作業時間差異　¥30×（4,960h－4,980h）＝－¥　　600（不利差異）
差異総額　　　　　　　　　　　　　　　－¥10,560（不利差異）

11-4-3　製造間接費の差異分析

製造間接費標準配賦額と製造間接費実際配賦との差額を**製造間接費差異**という。その分析には，まず，差異を操業度差異と管理可能差異に分ける**2分法**である。つぎに，操業度差異，能率差異，および予算差異に分ける**3分法**がある。さらに，操業度差異，固定費能率差異，変動費能率差異，および予算差異に分ける**4分法**がある。なお，差異分析をするときは，固定予算を用いる場合と変動予算を用いる場合がある。

ここでは，変動予算の場合の3分法を中心に説明する。なお，変動予算の差異分析には，実際作業時間を基準にする方法，**許容標準作業時間**を基準にする方法がある。ここでは前者を説明する。

予算差異＝(変動費率×実際作業時間＋固定費)－製造間接費実際発生額　(11-13)
能率差異＝標準配賦率×(許容標準作業時間－実際作業時間)　　　(11-14)
操業度差異＝固定費率×(実際作業時間－基準操業度)　　　　　　(11-15)

予算差異は，管理者の予算管理の良否によって生じる。能率差異は，作用方法の誤りや変更などによって生じる。操業度差異は，設備の利用程度によって生じる。

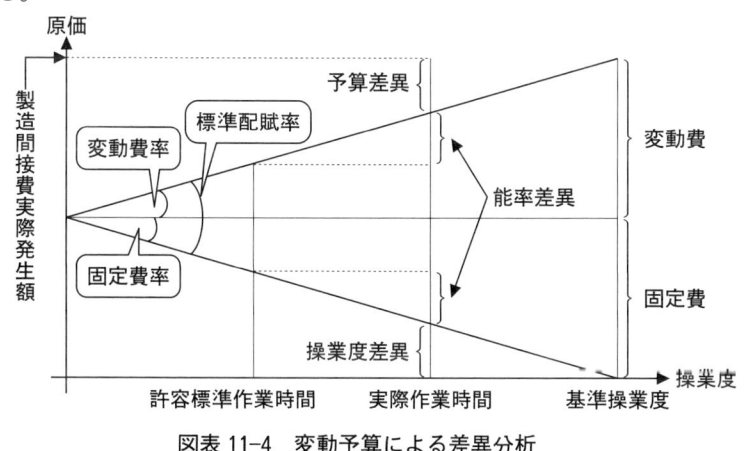

図表 11-4　変動予算による差異分析

例題11-5

ガラス製品の製造間接費の原価標準は、「図表11-1 標準原価カード」に示すとおりである。生産量のデータは 例題11-1 のとおりである。また、実際作業時間は4,980時間である。基準操業度は5,000時間で、そのときの予算額は¥100,000（変動費¥60,000、固定費¥40,000）、製造間接費実際発生額は¥109,560であった。以上のデータから、変動予算を用いた場合の製造間接費差異の総額を計算し、これを3分法によって分析しなさい。

●例題解答 11-5 ●

製造間接費標準配賦額	@¥20×4,960h＝	¥ 99,200
製造間接費実際発生額		¥109,560
差異総額		－¥ 10,360（不利差異）

　　※　標準作業時間は、4h×1,240個＝4,960h で算出した。
　　　　変動費率は、¥60,000÷5,000h＝@¥12で算出した。
　　　　固定費率は、¥40,000÷5,000h＝@¥8 で算出した。

予 算 差 異　（@¥12×4,980h＋¥40,000）－¥109,560＝ －¥ 9,800（不利差異）
能 率 差 異　@¥20×(4,960h－4,980h)＝　　　　　　 －¥　 400（不利差異）
操業度差異　@¥8×(4,980h－5,000h)＝　　　　　　　－¥　 160（不利差異）
　　差異総額　　　　　　　　　　　　　　　　　　　　－¥10,360（不利差異）

11-5　標準原価計算の勘定記入法

標準原価計算制度では，どの時点で標準原価を勘定に導くかによって，勘定記入法がパーシャル・プランとシングル・プランに分けられる。

シングル・プランでは，仕掛品勘定が借方にも，貸方にも標準原価で記入される。このため，原価差異は各原価要素勘定で把握される。したがって，原価差異は，原価財の投入の時点で認められる。シングル・プランによる勘定連絡図を示せば，以下のとおりである（図表 11-5 参照）。

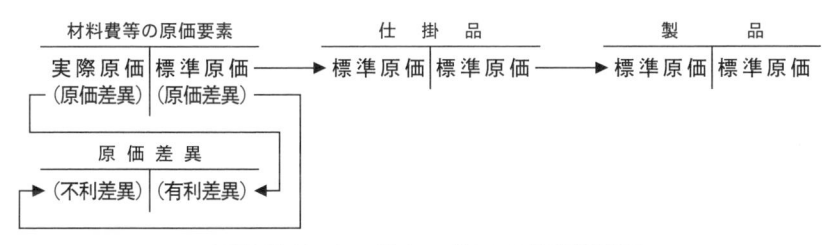

図表 11-5　シングル・プランの勘定連絡図

パーシャル・プランでは，仕掛品勘定の借方に実際原価，貸方に標準原価で記入される。このため，原価差異は仕掛品勘定で把握される。したがって，原価差異は，製品が完成したときに算定される。すなわち，仕掛品勘定の貸借差額は，原価差異の総額を示す。パーシャル・プランによる勘定連絡図を示せば，以下のとおりである（図表 11-6 参照）。

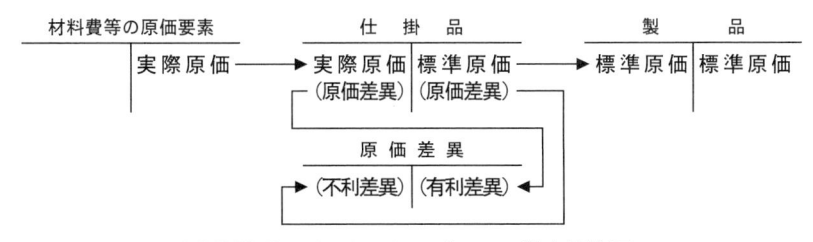

図表 11-6　パーシャル・プランの勘定連絡図

例題11-6

これまでの例題（例題11-1から例題11-5）の結果をもとにして，パーシャル・プランによって仕掛品勘定を完成し，原価差異を仕訳しなさい。なお，月初仕掛品原価は￥32,000であった。

●例題解答 11-6●

（借）	仕 掛 品	（貸）	
前 月 繰 越	32,000	製　　　　品	480,000
直 接 材 料 費	283,800	材料消費価格差異	19,800
直 接 労 務 費	159,360	材料消費数量差異	4,000
製 造 間 接 費	109,560	賃 率 差 異	9,960
		作 業 時 間 差 異	600
		予 算 差 異	9,800
		能 率 差 異	400
		操 業 度 差 異	160
		次 月 繰 越	60,000
	584,720		584,720

（借）			（貸）		
材料消費価格差異	19,800		仕 掛 品	44,720	
材料消費数量差異	4,000				
賃 率 差 異	9,960				
作 業 時 間 差 異	600				
予 算 差 異	9,800				
能 率 差 異	400				
操 業 度 差 異	160				

本章のまとめ

標準原価計算は，管理に役立てる原価管理に有用な原価計算である。なぜなら，製品1単位当りの原価を科学的に設け，標準原価を計算し，これと実際原価を比較分析し，原価差異を算定するからである。差異分析は，標準原価計算の中心技法である。勘定記入法には，シングル・プランとパーシャル・プランがある。

第11章　標準原価計算

問題11 ㈱葛飾工業では，ガラス製品を製造・販売しており，標準原価計算を施している。同社の当月の＜資料＞は以下に示すとおりである。この＜資料＞に基づき，ガラス製品の直接材料費差異，直接労務費差異，および製造間接費差異のそれぞれの分析を施した。各差異を求めなさい。なお，有利差異か不利差異を示しなさい。また，パーシャル・プランで，仕掛品勘定を完成させなさい。なお，製造間接費の差異分析は，3分法（実際作業時間を基準とした差異分析法）を用いなさい。

資料1：ガラス製品の標準原価カード

直接材料費	標準価格	＠¥120	×	標準消費量	6kg	¥ 720
直接労務費	標準賃率	＠¥120	×	標準作業時間	2h	¥ 240
製造間接費	標準配賦率	＠¥150	×	標準作業時間	2h	¥ 300
						¥1,260

資料2：製造間接費変動予算

　　　変動費率　　　　＠¥50
　　　固定費額　　　　¥300,000（月間）

　　　　　　　※製造間接費は，変動予算で設けられている。

資料3：当月の実際発生額

　　　材料実際発生額　　＠¥130×8,500kg＝¥1,105,000
　　　実際賃金消費額　　＠¥125×2,700h＝¥337,500
　　　製造間接費実際発生額　¥400,000

資料4：当月の生産量データ

　　　月初仕掛品　　　100個（20％）
　　　当月投入　　　　1,400
　　　　合　計　　　　1,500個
　　　月末仕掛品　　　　200　（30％）
　　　完成品　　　　　1,300個
　　　※（　）は加工進捗度を示す。

資料5：材料は工程の始点で投入する。

●問題解答欄11●

材料消費価格差異：¥ （　　　差異）　　材料消費数量差異：¥ （　　　差異）

賃率差異：¥ （　　　差異）　　作業時間差異：¥ （　　　差異）

予算差異：¥ （　　　差異）　　能率差異：¥ （　　　差異）

操業度差異：¥ （　　　差異）

(借)	仕　掛　品	(貸)
前　月　繰　越　（　　　）	製　　　　　品	（　　　）
直　接　材　料　費　（　　　）	材料消費価格差異	（　　　）
直　接　労　務　費　（　　　）	材料消費数量差異	（　　　）
製　造　間　接　費　（　　　）	賃　率　差　異	（　　　）
予　算　差　異　（　　　）	作業時間差異	（　　　）
	能　率　差　異	（　　　）
	操　業　度　差　異	（　　　）
	次　月　繰　越	（　　　）
（　　　）		（　　　）

終章
財務諸表作成の流れ
―工企業における財務諸表―

本章の概要と学習目標

　工企業の工業簿記は，設立時から継続して製造活動をおこなっていることを仮定している。工企業の製造による成果は，営業利益が出ているかどうかという観点から判る。そのためには，継続する製造活動を一定期間に区切って，期間ごとに利益計算をおこなうことが必要となる。当該期間を会計期間といい，会計期間の始まりを期首，終りを期末という。そして，期首と期末の間を期中という。一般的に，一会計期間は1年間である。なお，製造業では，月次決算もおこなっている。

　本章の学習目標は，一会計期間における財貨・用役の流れを把握するための勘定連絡図を理解し，製造原価報告書との関連を習得することである。また，外部報告書として損益計算書を作る。本章では，m_1/d_0からm_{12}/d_Fまでを一会計期間としている。したがって，期首および期末（決算日）は，つぎのとおり記号で示されている。

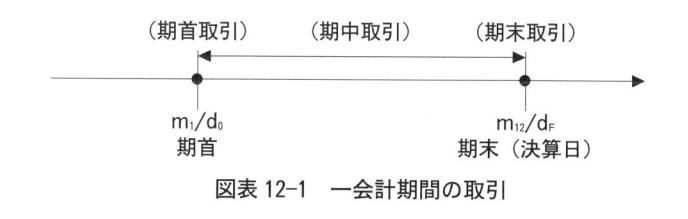

```
    （期首取引）　（期中取引）　（期末取引）
────────●─────────────●──────────▶
        $m_1/d_0$                $m_{12}/d_F$
         期首                  期末（決算日）
```

図表 12-1　一会計期間の取引

終章　財務諸表作成の流れ—工企業における財務諸表—

例題12　㈱葛飾工業は，当期につぎの取引をおこなった。つぎの問に答えなさい。

1．勘定連絡図（営業利益まで）を作る。
2．製造原価報告書を作る。
3．損益計算書を作る。

1．勘定連絡図（営業利益まで）に関する資料：
（1）期首材料有高
　①　期首材料有高　　　　¥2,000
　②　期首工場消耗品有高　¥200
（2）材料の当期仕入高
　①　ガラス製品を造るために材料¥33,000を掛買いした。なお，材料の消費額は直接材料費とする。

　　（借）材　料　費　　33,000　（貸）買　掛　金　　33,000

　②　工場消耗品¥4,000を購入するために，小切手を振出して支払った。なお，工場消耗品の消費額は間接材料費とする。

　　（借）工場消耗品　　4,000　（貸）当 座 預 金　　4,000

（3）期末材料有高
　①　期末材料有高　　　　¥2,800
　②　期末工場消耗品有高　¥400
（4）材料・工場消耗品の消費高に関する振替え
　①　ガラス製品を造るために，材料¥32,200を消費した。この消費高を「材料勘定」から「仕掛品勘定」の借方に振替える。

　　（借）仕　掛　品　　32,200　（貸）材　料　費　　32,200

　②　工場消耗品¥3,800を消費した。この消費高を「工場消耗品勘定」から「製造間接費勘定」の借方に振替える。

(借)製造間接費　　3,800　　(貸)工場消耗品　　3,800

(5) 期首賃金・給料の未払高
① 期首直接工賃金未払高　　￥2,400
② 期首間接工賃金未払高　　￥　500
③ 期首工場事務員給料未払高　￥　750

(6) 当期賃金支払高
① 直接工に対し，賃金￥25,600を当座預金から引落し支払った。

(借)直接工賃金　　25,600　　(貸)当 座 預 金　　25,600

② 間接工に対し，賃金￥4,400を当座預金から引落し支払った。

(借)間接工賃金　　4,400　　(貸)当 座 預 金　　4,400

③ 工場事務員に対し，給料￥4,200を当座預金から引落し支払った。

(借)工場事務員給料　　4,200　　(貸)当 座 預 金　　4,200

(7) 期末賃金・給料の未払高
① 期末直接工賃金未払高　　￥1,800
② 期末間接工賃金未払高　　￥　400
③ 期末工場事務員給料未払高　￥　450

(8) 直接工賃金・間接工賃金・給料の消費高に関する期末振替え
① 直接工賃金の消費高　(25,600＋1,800)－2,400＝￥25,000
期末に直接工賃金の消費高￥25,000を「直接工賃金勘定」から「仕掛品勘定」の借方に振替える。

(借)仕 掛 品　　25,000　　(貸)直接工賃金　　25,000

② 間接工賃金の消費高　(4,400＋400)－500＝￥4,300
期末に間接工賃金の消費高￥4,300を「間接工賃金勘定」から「製造間接費勘定」の借方に振替える。

　　　　（借）製造間接費　　　4,300　　（貸）間接工賃金　　4,300

　③　工場事務員給料の消費高　（4,200＋450）－750＝¥3,900

　　　期末に工場事務員給料の消費高¥3,900を「工場事務員給料勘定」から「製造間接費勘定」の借方に振替える。

　　　　（借）製造間接費　　　3,900　　（貸）工場事務員給料　3,900

（9）外注加工賃の期首前払高　　¥1,000
(10) 当期の経費
　①　当期外注加工賃支払高　¥15,800
　②　当期電力料　　　　　　¥5,400
　③　当期修繕費　　　　　　¥2,600
　④　当期減価償却費　　　　¥10,000
(11) 外注加工賃の期末前払高　¥1,200
(12) 外注加工賃・電力料・修繕費・減価償却費の消費高に関する期末振替え
　①　外注加工賃の消費高　（1,000＋15,800）－1,200＝¥15,600

　　　期末に外注加工賃の消費高¥15,600を「外注加工賃勘定」から「仕掛品勘定」の借方に振替える。

　　　　（借）仕　掛　品　　15,600　　（貸）外注加工賃　　15,600

　②　期末に電力料の消費高¥5,400を「電力料勘定」から「製造間接費勘定」の借方に振替える。

　　　　（借）製造間接費　　　5,400　　（貸）電　力　料　　5,400

　③　期末に修繕費の消費高¥2,600を「修繕費勘定」から「製造間接費勘定」の借方に振替える。

　　　　（借）製造間接費　　　2,600　　（貸）修　繕　費　　2,600

　④　期末に減価償却費の消費高¥10,000を「減価償却費勘定」から「製造間

接費勘定」の借方に振替える。

　　（借）製造間接費　　10,000　　（貸）減価償却費　　10,000

(13) 期首仕掛品有高　　¥7,600
(14) 製造間接費の予定配賦

　　製造間接費は，直接労務費基準による予定配賦をおこなっている。配賦率は110％であり，配賦差異は売上原価に賦課する。

　　直接労務費　25,000×1.10＝¥27,500
　　配 賦 差 異　30,000* －¥27,500＝¥2,500（不利差異）
　　　　＊30,000＝3,800＋8,200＋18,000

⑤　予定配賦額¥27,500を「製造間接費勘定」から「仕掛品勘定」の借方に振替える。

　　（借）仕　掛　品　　27,500　　（貸）製造間接費　　27,500

⑥　配賦差異¥2,500を「製造間接費勘定」から「売上原価勘定」の借方に振替える。

　　（借）売 上 原 価　　2,500　　（貸）製造間接費配賦差異　2,500

(15) 期末仕掛品有高　　¥8,000
(16) 完成品原価の振替え

　　完成品原価¥99,900を「仕掛品勘定」から「製品勘定」の借方に振替える。

　　（借）製　　　品　　99,900　　（貸）仕　掛　品　　99,900

(17) 期首製品有高　　¥12,800
(18) 期末製品有高　　¥11,400
(19) 売上原価の振替え

　　期末に売上原価¥101,300を「製品勘定」から「売上原価勘定」の借方に振替える。

　　（借）売 上 原 価　　101,300　　（貸）製　　　品　　101,300

(20) 売上原価の残高に関する期末振替え

　　　期末に売上原価残高¥103,800を「売上原価勘定」から「損益勘定」の借方に振替える。

　　　（借）損　　　　益　　103,800　　（貸）売 上 原 価　　103,800

2．損益計算書に関する資料：
（1）販売費・一般管理費の残高に関する期末振替え
　① 期首販売事務員給料未払高　¥350
　② 期末販売事務員給料未払高　¥550
　③ 販売事務員に対し，給料¥3,800を当座預金から引落し支払った。
　　　（借）販売事務員給料　　3,800　　（貸）当 座 預 金　　3,800
　④ 広告宣伝費として¥5,000を小切手を振出して支払った。
　　　（借）広告宣伝費　　5,000　　（貸）当 座 預 金　　5,000
（2）当期売上高　　¥150,000（掛売り）
　　　（借）売　掛　金　　150,000　　（貸）売　　　　上　　150,000

　　　期末に売上高¥150,000を「売上勘定」から「損益勘定」の貸方に振替える。

　　　（借）売　　　　上　　150,000　　（貸）損　　　　益　　150,000
（3）営業外損益の取引高
　① 受取利息の受取額　¥1,600
　② 支払利息の支払額　¥1,800
（4）特別損益の取引高
　① 保険差益の受取額　¥280
　② 固定資産売却損　　¥180
（5）法人税等の納税額は，税引前当期純利益の40％である。
　　　37,100×0.40＝¥14,840

終章　財務諸表作成の流れ―工企業における財務諸表―

3．勘定間の連絡

　勘定は，取引を認め，測った後に記録するための単位である。工業簿記では，貸借対照表の勘定と損益計算書の勘定に製造原価報告書の勘定が加えられる。製造原価報告書の勘定は，つぎのとおり原価要素勘定，原価集計勘定，および原価負担勘定に分けられる。

　　原価要素勘定：材料費勘定，直接工賃金勘定，外注加工賃勘定，工場消耗品
　　　　　　　　　勘定，間接工賃金勘定，電力料勘定，工場事務員給料勘定，
　　　　　　　　　修繕費勘定，減価償却費勘定
　　原価集計勘定：仕掛品勘定，製造間接費勘定
　　原価負担勘定：製品勘定

　勘定連絡図では，製品原価要素の流れがつぎのとおり把握される。

（1）製品の原価要素となる「原価要素勘定」が集められる。
（2）原価要素の内の当期消費高は，まず，直接要素と間接要素の消費高に分けられる。つぎに，「仕掛品勘定」の借方と「製造間接費」の借方に集められる。すなわち，直接要素の当期消費高（¥32,200＋¥25,000＋¥15,600）は，「仕掛品勘定」の借方に振替えられる。間接要素の当期消費高（¥3,800＋¥8,200＋¥18,000）は，「製造間接費勘定」の借方に振替えられる。なお，製造間接費は，直接労務費基準による予定配賦をおこなっている。したがって，予定配賦額¥27,500は，「仕掛品勘定」の借方に振替えられる。また，配賦差異¥2,500は，「売上原価勘定」の借方に振替えられる。
（3）製造原価となる合計¥107,900は，「仕掛品勘定」の借方に集められる。その内の当期消費高¥99,900は，「製品勘定」の借方に振替えられる。この勘定の貸方には，当期の売上原価¥101,300が記録される。
（4）「損益勘定」は，製造活動と販売活動の接点となる。すなわち，販売活動によって得られた売上高¥150,000に対し，その売上に貢献した原価（¥101,300＋¥2,500）が「損益勘定」の借方に記録される。また，販売費及び一般管理費¥9,000が「損益勘定」の借方に計上されている。したがって，営業利益は，つぎのとおり計算される。

　　　103,800＋9,000＋（営業利益）＝150,000　　　　　　　（12）

　　ゆえに，営業利益は¥37,200　となる。

終章　財務諸表作成の流れ―工企業における財務諸表―

● 例題解答 12 ●

1．勘定連絡図（営業利益まで）を作る。

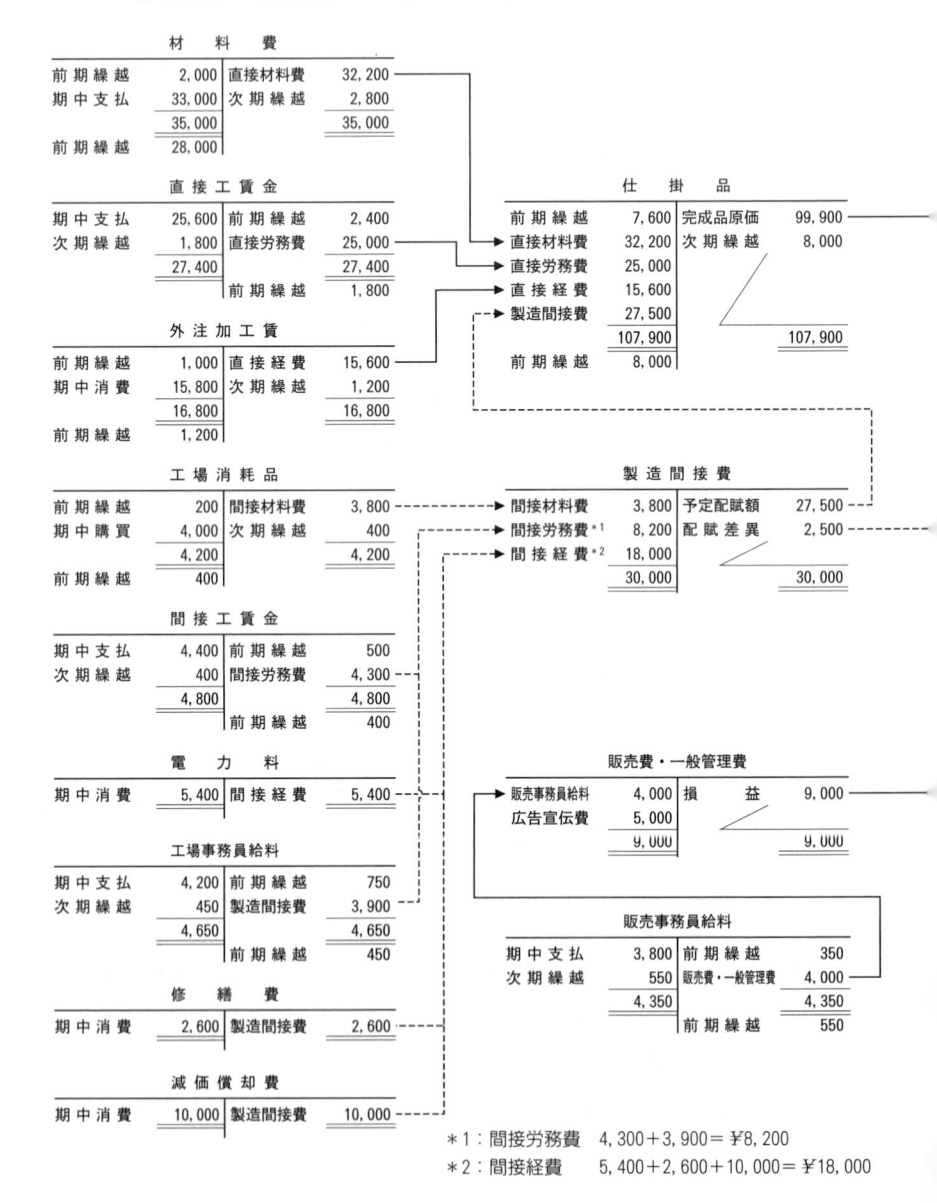

材　料　費			
前 期 繰 越	2,000	直接材料費	32,200
期 中 支 払	33,000	次 期 繰 越	2,800
	35,000		35,000
前 期 繰 越	28,000		

直 接 工 賃 金			
期 中 支 払	25,600	前 期 繰 越	2,400
次 期 繰 越	1,800	直接労務費	25,000
	27,400		27,400
		前 期 繰 越	1,800

外 注 加 工 賃			
前 期 繰 越	1,000	直接経費	15,600
期 中 消 費	15,800	次 期 繰 越	1,200
	16,800		16,800
前 期 繰 越	1,200		

工 場 消 耗 品			
前 期 繰 越	200	間接材料費	3,800
期 中 購 買	4,000	次 期 繰 越	400
	4,200		4,200
前 期 繰 越	400		

間 接 工 賃 金			
期 中 支 払	4,400	前 期 繰 越	500
次 期 繰 越	400	間接労務費	4,300
	4,800		4,800
		前 期 繰 越	400

電　力　料			
期 中 消 費	5,400	間 接 経 費	5,400

工 場 事 務 員 給 料			
期 中 支 払	4,200	前 期 繰 越	750
次 期 繰 越	450	製造間接費	3,900
	4,650		4,650
		前 期 繰 越	450

修　繕　費			
期 中 消 費	2,600	製造間接費	2,600

減 価 償 却 費			
期 中 消 費	10,000	製造間接費	10,000

仕　掛　品			
前 期 繰 越	7,600	完成品原価	99,900
直接材料費	32,200	次 期 繰 越	8,000
直接労務費	25,000		
直接経費	15,600		
製造間接費	27,500		
	107,900		107,900
前 期 繰 越	8,000		

製 造 間 接 費			
間接材料費	3,800	予定配賦額	27,500
間接労務費*1	8,200	配 賦 差 異	2,500
間接経費*2	18,000		
	30,000		30,000

販売費・一般管理費			
販売事務員給料	4,000	損　　益	9,000
広告宣伝費	5,000		
	9,000		9,000

販売事務員給料			
期 中 支 払	3,800	前 期 繰 越	350
次 期 繰 越	550	販売費・一般管理費	4,000
	4,350		4,350
		前 期 繰 越	550

＊1：間接労務費　4,300＋3,900＝¥8,200
＊2：間接経費　5,400＋2,600＋10,000＝¥18,000

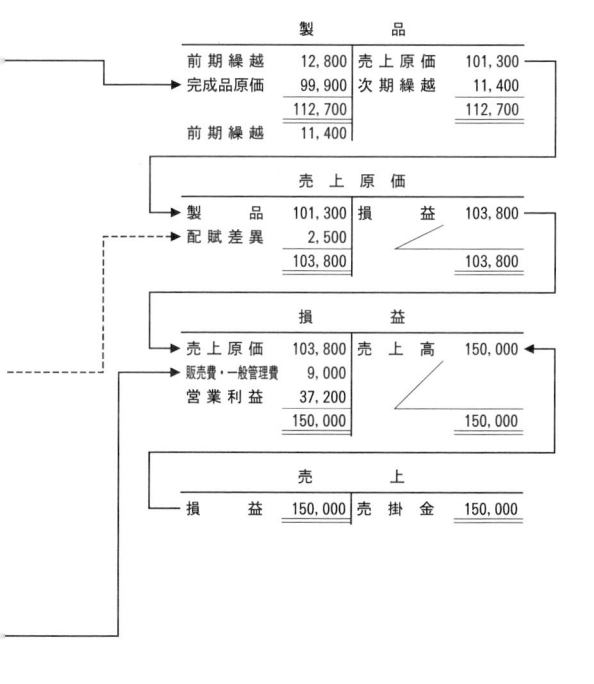

終章 財務諸表作成の流れ―工企業における財務諸表―

```
            製        品
  前期繰越   12,800  売上原価  101,300
→ 完成品原価  99,900  次期繰越   11,400
            112,700          112,700
  前期繰越   11,400
```

```
           売 上 原 価
→ 製    品  101,300  損   益  103,800
→ 配賦差異   2,500
            103,800          103,800
```

```
            損        益
→ 売上原価  103,800  売 上 高  150,000
→ 販売費・一般管理費  9,000
  営業利益   37,200
            150,000          150,000
```

```
            売        上
  損    益  150,000  売 掛 金  150,000
```

2．製造原価報告書を作る。

製造原価報告書　　　　　（単位：円）

Ⅰ	直接材料費		
	1．期首材料棚卸高	2,000	
	2．当期材料仕入高	33,000	
	合　　計	35,000	
	3．期末材料棚卸高	2,800	32,200
Ⅱ	直接労務費		25,000
Ⅲ	直 接 経 費		15,600
Ⅳ	製造間接費		
	1．間接材料費	3,800	
	2．間接労務費	8,200	
	3．間 接 経 費	18,000	
	合　　計	30,000	
	製造間接費配賦差異　〔−〕*3	2,500	27,500
	当期総製造費用		100,300
	期首仕掛品原価		7,600
	合　　計		107,900
	期末仕掛品原価		8,000
	当期製品製造原価		99,900

*3：予定配賦額を使っているので，不利差異のときは「製造間接費」から¥2,500を引くことになる。

3．損益計算書を作る。

<table>
<tr><td colspan="3" align="center">損益計算書</td><td align="right">（単位：円）</td></tr>
<tr><td>Ⅰ</td><td colspan="2">売 上 高</td><td align="right">150,000</td></tr>
<tr><td>Ⅱ</td><td colspan="2">売 上 原 価</td><td></td></tr>
<tr><td></td><td>1．期首製品棚卸高</td><td align="right">12,800</td><td></td></tr>
<tr><td></td><td>2．当期製品製造原価</td><td align="right">99,900</td><td></td></tr>
<tr><td></td><td align="center">合 計</td><td align="right">112,700</td><td></td></tr>
<tr><td></td><td>3．期末製品棚卸高</td><td align="right">11,400</td><td></td></tr>
<tr><td></td><td align="center">差 引</td><td align="right">101,300</td><td></td></tr>
<tr><td></td><td>4．原 価 差 異　〔＋〕*4</td><td align="right">2,500</td><td align="right">103,800</td></tr>
<tr><td></td><td colspan="2">売上総利益</td><td align="right">46,200</td></tr>
<tr><td>Ⅲ</td><td colspan="2">販売費及び一般管理費</td><td></td></tr>
<tr><td></td><td>1．給　　料*5</td><td></td><td align="right">4,000</td></tr>
<tr><td></td><td>2．広告宣伝費</td><td></td><td align="right">5,000</td></tr>
<tr><td></td><td colspan="2">営 業 利 益</td><td align="right">37,200</td></tr>
<tr><td>Ⅳ</td><td colspan="2">営業外収益</td><td></td></tr>
<tr><td></td><td>1．受 取 利 息</td><td></td><td align="right">1,600</td></tr>
<tr><td>Ⅴ</td><td colspan="2">営業外費用</td><td></td></tr>
<tr><td></td><td>1．支 払 利 息</td><td></td><td align="right">1,800</td></tr>
<tr><td></td><td colspan="2">経 常 利 益</td><td align="right">37,000</td></tr>
<tr><td>Ⅵ</td><td colspan="2">特別利益</td><td></td></tr>
<tr><td></td><td>1．保 険 差 益</td><td></td><td align="right">280</td></tr>
<tr><td>Ⅶ</td><td colspan="2">特別損失</td><td></td></tr>
<tr><td></td><td>1．固定資産売却損</td><td></td><td align="right">180</td></tr>
<tr><td></td><td colspan="2">税引前当期純利益</td><td align="right">37,100</td></tr>
<tr><td></td><td colspan="2">法 人 税 等</td><td align="right">14,840</td></tr>
<tr><td></td><td colspan="2">当期純利益</td><td align="right">22,260</td></tr>
</table>

*4：予定配賦額を使っているので，不利差異のときは「当期製造製原価」に¥2,500を含めることになる。

*5：給料は，販売事務員の給料である。

本章のまとめ

　本章においては，財貨・用役の流れを理解するとともに，それぞれの具体的な振替方法について学習してきた。財貨・用役の流れは，一会計期間の製品製造原価を表す製造原価報告書を作るために必要な一連の手続きを理解することで得られる。すなわち，一連の手続きは，つぎのとおりである。

- 「直接材料費」・「直接労務費」・「直接経費」の消費高を「仕掛品勘定」の借方に振替える。
- 「間接材料費」・「間接労務費」・「間接経費」の消費高を「製造間接費勘定」の借方に振替える。
- 「製造間接費」の予定配賦額を「仕掛品勘定」の借方に振替える。
- 完成品原価を「製品勘定」の借方に振替える。
- 販売された製品原価を「売上原価勘定」の借方に振替える。
- 「売上原価勘定」の残高を「損益勘定」の借方に振替える。
- 「売上勘定」の残高を「損益勘定」の貸方に振替えて，売上総利益を計上する。

　したがって，㈱葛飾工業は，当期の製品製造原価を計上するために，製造原価報告書を作る。さらに，当期純利益（純損失）を計上するために，外部用報告書である損益計算書を作る。

問題解答

●問題解答0●

　工業簿記は，工企業の製造活動を認識・測定・記録・表示する技法である。製造原価の情報は，工企業の製造原価状態や営業利益を明らかにする。また複式簿記は，1つの取引を勘定の借方と貸方に記録する。したがって，借方の合計と貸方の合計が一致するという原理に基づいて，いずれか金額が小さい方に勘定残高が示される。

●問題解答1●

　工業簿記とは，外部から購買した材料などを，自社の工場などにおいて加工し，完成した製品を販売する工企業でおこなわれる記帳技法をいう。工業簿記では，外部活動のほかに内部活動についても記録をおこなわなければならない。この内部活動における経済的資源の消費を貨幣的評価額で記入することが工業簿記の特質である。

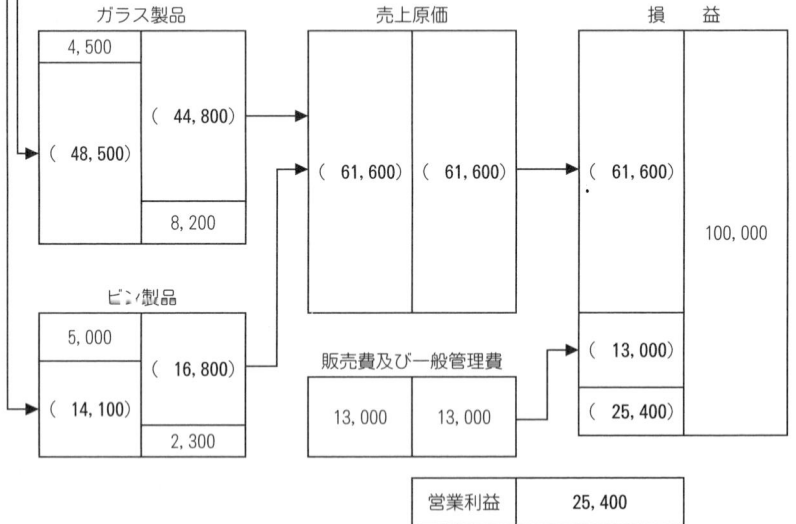

●問題解答2●

材料費
2,000	(32,700)
32,500	
	1,800

労務費
	2,000
19,000	(18,000)
1,000	

経費
12,000	12,000

製造間接費
1,500	
7,000	(15,500)
7,000	

仕掛品(ガラス)
12,000	
直接材料費 (30,000)	(48,500)
直接労務費 (6,000)	
直接経費 (4,000)	
7,000	10,500

仕掛品(ビン)
1,600	
(7,200)	(14,100)
(8,500)	3,200

ガラス製品
4,500	(44,800)
(48,500)	
	8,200

ビン製品
5,000	(16,800)
(14,100)	
	2,300

売上原価
(61,600)	(61,600)

販売費及び一般管理費
13,000	13,000

損益
(61,600)	100,000
(13,000)	
(25,400)	

営業利益	25,400

180

● 問題解答 3 ●

（1） m_t/d_5：（借）材　料　費　　20,400　　（貸）買　掛　金　　20,400

　　　 m_t/d_{15}：（借）材　料　費　　 8,080　　（貸）買　掛　金　　 8,080

（2）　出庫に際しては，予定消費価格（@¥100）を用いて処理する。また m_t/d_{10} の直接材料分は仕掛品勘定へ，m_t/d_{20} の間接材料分は製造間接費勘定へ振替える。

　　　 m_t/d_{10}：（借）仕　掛　品　　15,000　　（貸）材　料　費　　15,000

　　　 m_t/d_{20}：（借）製 造 間 接 費　10,000　　（貸）材　料　費　　10,000

（3）　先入先出法により，当月の出庫（m_t/d_{10}・m_t/d_{20}）に係る材料費をつぎのとおりに計算すると合計¥25,350となる。

　　　　　m_t/d_{10}：¥15,150＝@¥99×50個＋@¥102×100個

　　　　　m_t/d_{20}：¥10,200＝@¥102×100個

　　　これと出庫の際に予定消費価格を用いて計算していた¥25,000の差額¥350を材料消費価格差異として仕訳をおこない，その上で売上原価に振替える。

　　　 m_t/d_F：（借）材料消費価格差異　350　　（貸）材　料　費　　　350
　　　　　　　　　　　売 上 原 価　　　　350　　　　材料消費価格差異　350

● 問題解答 4 ●

m_f/d_0:	(借)	未 払 賃 金	4,200		(貸)	賃　　　　金	4,200
m_f/d_{25}:	(借)	賃 金・手 当	12,700		(貸)	現 金 預 金	10,000
						預 り 金	2,700
m_f/d_F:	(借)	仕 掛 品	11,040		(貸)	賃 金・手 当	12,960
		製 造 間 接 費	1,920				
	(借)	賃 金・手 当	4,440		(貸)	未 払 賃 金	4,440
	(借)	賃 率 差 異	20		(貸)	賃 金・手 当	20

(借)	賃金・手当	(貸)
諸　　口　　12,700	未 払 賃 金　　4,200
	仕 掛 品　　11,040
未 払 賃 金　　4,440	
賃 率 差 異　　　20	製造間接費　　1,920

● 問題解答 5 ●

経費仕訳帳

日付	経費分類	費　目	借　方		貸　方
			製　造	製造間接費	
	支払経費	(外注加工費)	(6,000)		(6,000)
		(修　繕　費)		(5,900)	(5,900)
	測定経費	電　気　料		(4,450)	(4,450)
	月割経費	減価償却費		(5,500)	(5,500)
		(保　険　料)		(4,000)	(4,000)
	発生経費	(事務用消耗品費)		(1,700)	(1,700)
			(6,000)	(21,550)	(27,550)

注：外注加工費＝200×30＝¥6,000（支払経費、直接経費）
　　修　繕　費＝7,500－2,100＋500＝¥5,900（支払経費、間接経費）
　　電　気　料＝¥4,450（測定経費、間接経費）
　　減価償却費＝¥66,000÷12か月＝¥5,500（月割経費、間接経費）
　　保　険　料＝¥48,000÷12か月＝¥4,000（月割経費、間接経費）
　　事務用消耗品費＝500＋1,500－300＝¥1,700（発生経費、間接経費）

●問題解答6●

当月の操業度と製造間接費の関係を示すと，つぎの図のようになる。

年間の製造間接費の固定費が¥360,000であるので，その1か月分は，月割により，その12分の1，すなわち¥30,000となる。また，同様に年間基準操業度（直接作業時間）が1,200hであるので，1か月分の基準操業度は100hとなる。

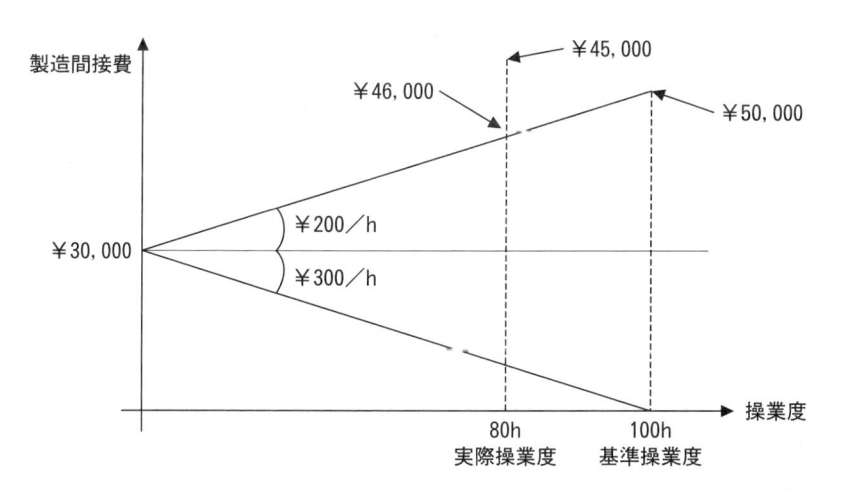

製造間接費の固定費率は，年間固定費¥360,000を年間基準操業度（直接作業時間）1,200hで除することによって（¥360,000÷1,200h＝）¥300／hとなる。したがって，製造間接費予定配賦率は，製造間接費の変動費率と固定費率を加えることにより（¥200／h＋¥300／h＝）¥500／hとなる。

(1) ① 配 賦 差 額 （ **不利** 差異 ）
　　　＝実際発生額－予定配賦額＝¥45,000－（¥200／h＋¥300／h）×80h＝¥5,000
　　② 予 算 差 異 （ **有利** 差異 ）
　　　＝実際発生額－予算額＝¥45,000－（¥200／h×80h＋¥30,000）＝－¥1,000
　　③ 操 業 度 差 異 （ **不利** 差異 ）
　　　＝予算額－予定配賦額＝（¥200／h×80h＋¥30,000）－（¥200／h＋¥300／h）×80h
　　　　　　　　　　　　＝（¥200／h×80h＋¥300／h×100h）－（¥200／h＋¥300／h）×80h
　　　　　　　　　　　　＝¥300／h×（100h－80h）＝¥6,000
　　　検算：配賦差額（5,000）＝予算差異（－1,000）＋操業度差異（6,000）

(2) 仕 訳

m_r／d₁₀：（借）仕　掛　　品　　40,000　　（貸）製 造 間 接 費　　40,000
m_r／d_F：（借）製造間接費配賦差異　 5,000　　（貸）製 造 間 接 費　　 5,000

勘定のフローは，つぎのとおりになる。

(借)	製造間接費	(貸)		(借)	仕　掛　品	(貸)
	45,000	40,000	→	40,000		
		5,000	→	(借) 製造間接費配賦差異 (貸)		
				5,000		

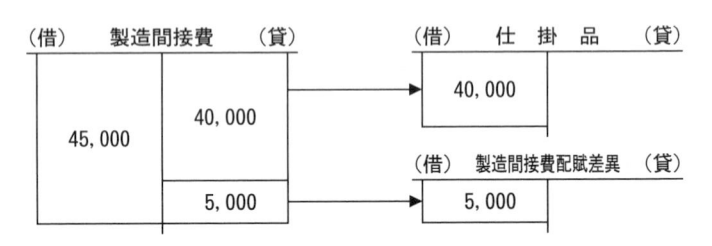

図表 6-2　製造間接費配賦差異が借方差異の場合

● 問題解答 7 ●

部門費の第 1 次集計と第 2 次集計については，つぎに示すとおり部門費配賦表によりその集計がなされる。

(1) 部門費の第 1 次集計

個別固定費の間接材料費，間接労務費および間接経費は，各原価部門に直課される。これが部門費の第 1 次集計である。つぎに，部門共通費の機械減価償却費，火災保険料，電力料および 福利厚生費は，配賦基準に基づき各部門に配賦する。

機械減価償却費は機械帳簿価額に基づき，火災保険料は床面積に基づき，電力料は消費電力量に基づき，また 福利厚生費は従業員数に基づき各原価部門に配賦する。

(2) 部門費の第 2 次集計

①直接配賦法と②簡便相互配賦法を以下に示す。なお，補助部門費の配賦にあたっての配賦基準について，動力部門は消費電力量，工場事務部門は従業員数を用いる。

問題解答

(1) 直接配賦法

部門費配賦表　　　　　　　　　　　　（単位：円）

	合　計	加工部門	組立部門	動力部門	工場事務部門
間接材料	1,830	500	600	300	430
間接労務費	1,930	400	500	400	630
間接経費	2,285	600	700	555	430
機械減価償却費	1,000	300	400	200	100
火災保険料	700	300	200	100	100
電力料	600	250	200	100	50
福利厚生費	400	120	180	20	80
部門費	8,745	2,470	2,780	1,675	1,820
動力部門費	1,675	931	744		
工場事務部門費	1,820	728	1,092		
製造部門費計	8,745	4,129	4,616		

(2) 簡便相互配賦法（要綱による相互配賦法）

部門費配賦表　　　　　　　　　　　　（単位：円）

	合　計	加工部門	組立部門	動力部門	工場事務部門
間接材料	1,830	500	600	300	430
間接労務費	1,930	400	500	400	630
間接経費	2,285	600	700	555	430
機械減価償却費	1,000	300	400	200	100
火災保険料	700	300	200	100	100
電力料	600	250	200	100	50
福利厚生費	400	120	180	20	80
部門費	8,745	2,470	2,780	1,675	1,820
1次配賦					
動力部門費	1,675	837.5	670	—	167.5
工場事務部門費	1,820	682.5	1,023.75	113.75	—
				113.75	167.5
2次配賦					
動力部門費	113.75	63.19	50.56		
工場事務部門費	167.5	67	100.5		
製造部門費計	8,745	4,120.19	4,624.81		

● 問題解答 8 ●

製造指図書別原価計算表　（単位：円）

	No.1	No.2	No.3
直接材料費	22,500*1	20,250	27,000
直接労務費	10,800*2	13,500	16,200
製造間接費	12,000*3	15,000	18,000
計	45,300	48,750	61,200
仕損品評価額		−13,000	
仕損費	15,000		
合　計	60,300	35,750	61,200
備　考	完　成	完　成	仕掛中

（借）	仕　　掛　　品	（貸）	
材　料　費	69,750*4	製　　　品	96,050*7
賃　　　金	40,500*5	仕　損　品	13,000*8
製造間接費	60,000*6	次月繰越	61,200

＊1：¥450／kg×50kg＝¥22,500
＊2：¥900／h×12h＝¥10,800
＊3：¥1,000／h×12h＝¥12,000
＊4：No.1からNo.3までの直接材料費合計　22,500＋20,250＋27,000＝¥69,750
＊5：No.1からNo.3までの直接労務費合計　10,800＋13,500＋16,200＝¥40,500
＊6：No.1からNo.3までの製造間接費と仕損費（No.1）の合計
　　　　　　　　　　　　　　　　12,000＋15,000＋18,000＋15,000＝¥60,000
＊7：No.1とNo.2のみが完成　60,300＋35,750＝¥96,050
＊8：仕損品評価額

● 問題解答 9 ●

月末仕掛品原価

　直接材料費　¥30,000÷(3,500kg*1＋1,500kg)×1,500kg＝¥9,000

　加　工　費　¥51,000÷(4,500kg*2＋600kg*3)×600kg＝¥6,000　　　計¥15,000

　　　＊1：5,500kg−2,000kg　＊2：5,500kg−2,000kg×0.5　＊3：1,500kg×0.4

完成品総合原価

　直接材料費　(7,000＋30,000)−9,000＝¥28,000

　加　工　費　(5,000＋51,000)−6,000＝¥50,000　　　計¥78,000

完成品単位原価

　¥78,000÷5,500kg＝¥14.182／kg

●問題解答10●

組間接費は，直接作業時間を基準に各組に配賦する。

第1工程
　¥15,440÷(83h+110h)×83h＝¥6,640　→　ガラス製品に配賦
　¥15,440÷(83h+110h)×110h＝¥8,800　→　ビン製品に配賦

第2工程
　¥17,010÷(69h+120h)×69h＝¥6,210　→　ガラス製品に配賦
　¥17,010÷(69h+120h)×120h＝¥10,800　→　ビン製品に配賦

ガラス製品
第1工程
月末仕掛品原価
　直接材料費　(¥2,460＋¥68,300)÷(5,500個＋300個)×300個＝¥3,660
　加　工　費　(¥2,186＋¥82,780＋¥6,640)÷(5,500個＋120個)×120個＝¥1,956　計¥5,616

完成品総合原価
　直接材料費　(2,460＋68,300)－3,660＝¥67,100
　加　工　費　(2,186＋82,780＋6,640)－1,956＝¥89,650　　　　　計¥156,750

完成品単位原価
　¥156,750÷5,500個＝¥28.5／個

第2工程
月末仕掛品原価
　前工程費　¥156,750÷(5,400個＋100個)×100個＝¥2,850
　加　工　費　(¥73,737＋¥6,210)÷(5,610個＋60個)×60個＝¥846　計¥3,696

完成品総合原価
　前工程費　(8,600＋156,750)－2,850＝¥162,500
　加　工　費　(1,200＋73,737＋6,210)－846＝¥80,301　　　　　計¥242,801

完成品単位原価
　¥242,801÷5,700個＝¥42.597／個

ビ ン 製 品
第1工程
月末仕掛品原価
　直接材料費　(¥1,580＋¥26,800)÷(6,100個＋500個)×500個＝¥2,150
　加　工　費　(¥1,440＋¥15,800＋¥8,800)÷(6,100個＋100個)×100個＝¥420　計¥2,570

問題解答

完成品総合原価
　直接材料費（1,580＋26,800）－2,150＝¥26,230
　加　工　費（1,440＋15,800＋8,800）－420＝¥25,620　　　計¥51,850

完成品単位原価
　¥51,850÷6,100個＝¥8.5／個

第2工程
月末仕掛品原価
　前工程費　¥51,850÷(5,500個＋600個)×600個＝¥5,100
　加　工　費（¥22,856＋¥10,800）÷(5,650個＋360個)×360個＝¥2,016　計¥7,116

完成品総合原価
　前工程費（2,500＋51,850）－5,100＝¥49,250
　加　工　費（900＋22,856＋10,800）－2,016＝¥32,540　　　計¥81,790

完成品単位原価
　¥81,790÷5,800個＝¥14.102／個

●問題解答11●

材料消費価格差異：	¥85,000（不利差異）	材料消費数量差異：	¥12,000（不利差異）
賃率差異：	¥13,500（不利差異）	作業時間差異：	¥2,400（不利差異）
予算差異：	¥35,000（有利差異）	能率差異：	¥3,000（不利差異）
操業度差異：	¥30,000（不利差異）		

（借）	仕　掛　品	（貸）
前　月　繰　越　（　　82,800）	製　　　　　品	(1,638,000)
直　接　材　料　費　(1,105,000)	材料消費価格差異	(　　85,000)
直　接　労　務　費　（　337,500）	材料消費数量差異	(　　12,000)
製　造　間　接　費　（　400,000）	賃　率　差　異	(　　13,500)
予　算　差　異　（　　35,000）	作業時間差異	(　　 2,400)
	能　率　差　異	(　　 3,000)
	操　業　度　差　異	(　　30,000)
	次　月　繰　越	(　 176,400)
(1,960,300)		(1,960,300)

索　引

【あ行】

異常減損 …………………………123
一重線 ……………………………6
移動平均法 ………………………41

【か行】

蓋然規準 …………………………7
改訂の頻度 ………………………155
加工進捗度 ………………………119
加工費工程別単純総合原価計算 ………144
貸方差異 …………………………47
借方差異 …………………………46
完成品の標準原価 ………………156
間接経費 …………………………62
間接工 ……………………………50
間接作業時間 ……………………55
間接労務費 ………………………50
簡便相互配賦法 …………………93
期間原価 …………………………22
基準標準原価 ……………………155
記帳手続の迅速化 ………………152
給料の支払額 ……………………53
許容標準作業時間 ………………161
組間接費 …………………………132
組直接費 …………………………132
組別総合原価計算 ……………118, 131
経費 ………………………………61
経費支払表 ………………………63
経費測定表 ………………………63
経費月割表 ………………………63

経費発生表 ………………………63
月末仕掛品原価の計算 …………119
月末仕掛品の評価 ………………118
原価 ………………………………17
原価管理 …………………………151
原価計算制度 ……………………21
原価計算表 ………………………104
原価標準 …………………………153
原価部門 …………………………90
原価要素 …………………………18
現実的標準原価 …………………156
減損 ………………………………123
工企業 ……………………………3
工業簿記 ………………………4, 16
工程別総合原価計算 ……………140
購入原価 …………………………45
購入代価 …………………………45
固定費 ……………………………19
固定予算 …………………………79
個別原価計算 ……………103, 151
個別賃率 …………………………54

【さ行】

材料消費価格差異 ………………158
材料消費数量差異 ………………158
材料費 ……………………………39
材料副費 …………………………45
材料元帳 …………………………40
先入先出法 ……………………41, 120
作業屑 ……………………………113
作業時間差異 ……………………159

189

索引	
3分法 …………………………161	製造指図書 ……………………104
仕掛品 ……………………………22	製造部門 …………………………90
仕損 ……………………………123	製品原価 …………………………22
仕損費 …………………………110	製品別計算 ………………………25
仕損費の会計処理 ……………111	前工程費 ………………………141
実現規準 …………………………7	全部原価 …………………………22
実際原価 …………………………22	操業度 ……………………………19
実際原価計算 …………………151	操業度差異 ………………………81
実際賃率 …………………………54	総原価 ……………………………17
実際配賦 …………………………95	総合原価計算 ……………117, 151
実際配賦率 ………………………74	総平均法 …………………………41
支払全額 …………………………9	測定経費 …………………………67
4分法 …………………………161	**【た行】**
就業時間 …………………………55	棚卸減耗費 ………………………47
収入全額 …………………………9	単純個別原価計算 ……104, 106
準固定費 …………………………20	単純総合原価計算 ……………118
準変動費 …………………………20	直接工 ……………………………50
商企業 ……………………………15	直接材料費差異 ………………158
商業簿記 …………………………16	直接消費 …………………………62
消費賃金の計算 …………………54	直接配賦法 ………………………93
消費賃率 …………………………54	直接労務費 ………………………50
真実の原価 ……………………152	直接労務費差異 ………………159
ストック …………………………4	直課 ………………………………34
正常減損 ………………………123	賃金 ………………………………53
正常減損度外視法 ……………123	賃率差異 ……………54, 57, 159
正常配賦 …………………………34	月割経費 …………………………67
正常標準原価 …………………155	手待時間 …………………………55
製造価値の変化 …………………5	等価係数 ………………………135
製造間接費 …………………29, 71	等級別総合原価計算 ……118, 135
製造間接費差異 ………………161	当月作業量 ……………………157
製造間接費の配賦基準 …………73	当座標準原価 …………………155
製造間接費配賦差異 ……………77	
製造間接費配賦差額 ………75, 80	
製造原価報告書 …………………31	

索　引

【な行】

内部活動 …………………………15
二重線 ……………………………6
２分法 …………………………161
能率の尺度 ……………………152

【は行】

配賦………………………………34
発生経費…………………………67
非原価項目………………………17
費目別計算………………………25
標準価格 ………………………154
標準原価…………………………23
標準原価カード ………………153
標準原価計算 …………………152
標準製造間接費 ………………154
標準賃率 ………………………154
標準の厳格度 …………………155
部分原価…………………………22
歩減り …………………………122
部門共通費………………………91
部門個別費………………………91
部門費計算………………………89
部門別計算………………………25
部門別個別原価計算 ………104, 108
不利差異…………………………46
フロー …………………………3, 4

【ま行】

平均賃率…………………………54
平均法 …………………………119
変動価値の測定 …………………8
変動費……………………………20
変動予算…………………………80
補助部門…………………………90

【ま行】

マイナスという概念 ……………6
未払賃金勘定……………………56

【や行】

有利差異…………………………47
予算差異…………………………81
予算編成 ………………………152
予定価格…………………………23
予定原価…………………………23
予定賃率…………………………54
予定配賦…………………………34
予定配賦率 …………………75, 95

【ら行】

理想標準原価 …………………155
累加法 …………………………141
労務主費…………………………50
労務費……………………………49
労務副費…………………………50

■ 編著者紹介 ■

吉岡　正道（よしおか　まさみち）東京理科大学　教授：序章　終章
［研究テーマ］資産評価論，仮説検証型アプローチ
［主要な研究業績］
　『会計学〔第2版〕』編著　森山書店（2011年）
　『固定資産評価論－フランス資産評価基準を基軸として－』単著　森山書店（2010年）
　『簿記システム論』共著　税務経理協会（2009年）

井岡　大度（いのおか　とものり）国士舘大学　准教授：第6章　第7章
［研究テーマ］管理会計，コスト・マネジメント
［主要な研究業績］
　『Management of an Inter－Firm Network』共著　World Scientific（2011年）
　「マテリアルフローコスト会計における相互配賦法の適用」日本原価計算研究学会『原価計算研究』（2011年）
　『管理会計レクチャー〔上級編〕』共著　税務経理協会（2009年）

会田富士朗（あいだ　ふじお）東洋大学　准教授：第9章　第10章
［研究テーマ］公的部門における活動基準原価計算の研究

■ 執筆者紹介 ■

野口　教子（のぐち　のりこ）東京理科大学　講師：第1章　第2章
［研究テーマ］ポイント会計，収益会計
［主要な研究業績］
　『会計学〔第2版〕』共著　森山書店（2011年）
　「ポイントサービス取引の会計処理アプローチ」『会計』第178巻7月号第1号　森山書店（2010年）
　「包括利益の導入による業績概念の変化－2011年度包括利益に関するアンケート調査研究－」共著『産業経理』Vol.71 No.3　産業経理協会（2011年）

平井　裕久（ひらい　ひろひさ）高崎経済大学　准教授：第3章
［研究テーマ］管理会計，企業価値評価
［主要な研究業績］
　『原価計算入門』共著　中央経済社（2011年）
　『企業と会計』共著　税務経理協会（2011年）
　『管理会計（会計学叢書）』共著　新世社（2008年）

後藤　晃範（ごとう　あきのり）　大阪学院大学　准教授：第4章
［研究テーマ］管理会計，企業価値評価
［主要な研究業績］
　『企業と会計』共著　税務経理協会（2011年）
　『経済・経営を学ぶための数学入門』共著　ミネルヴァ書房（2010年）
　『管理会計レクチャー（上級編）』共著　税務経理協会（2008年）

馮　　玲（フォン　レイ）　東京理科大学　准教授：第5章
［研究テーマ］企業価値評価，資本コスト
［主要な研究業績］
　『スタンダードテキスト管理会計論〈問題演習編〉』共著　中央経済社（2010年）
　「研究開発投資効果分析および資産計上の意義」『産業経理』Vol.70, No.2　産業経理
　　協会（2010年）
　「知識産権的利用与競争優勢」（中国語）中国会計学会2008年学術年会論文集（中国）
　　湖南大学編集（2008年）

山根　里香（やまね　さとか）　東京理科大学　講師：第8章
［研究テーマ］管理会計　プロジェクト・マネジメント
［主要な研究業績］
　「日本国内のパソコンリサイクル事業における現状と課題」『国際P2M学会誌』国際
　　P2M学会（2011年）
　「P2Mによる環境日本国内のパソコンリサイクル事業における現状と課題配慮型SCM
　　の展開に関する理論的考察」『国際P2M学会誌』国際P2M学会（2010年）
　「環境配慮型SCMを促進する戦略的マネジメント・コントロールシステムの機能－質
　　問紙調査の結果から」『企業会計』中央経済社（2009年）

建部　宏明（たてべ　ひろあき）　専修大学　教授：第11章
［研究テーマ］日本原価計算史
［主要な研究業績］
　『基本管理会計』同文舘（2011年）
　『基本原価計算〔第四版〕』同文舘（2011年）
　『日本原価計算理論形成史研究』同文舘（2003年）

編著者との契約により検印省略

平成24年5月15日 初版発行

工業簿記システム論

編著者	吉 岡 正 道
	井 岡 大 度
	会 田 富士朗
発行者	大 坪 嘉 春
整版所	ハピネス情報処理サービス
印刷所	税経印刷株式会社
製本所	株式会社 三森製本所

発行所 東京都新宿区下落合2丁目5番13号 株式会社 税務経理協会
郵便番号 161-0033 振替 00190-2-187408 電話(03)3953-3301(編集部)
FAX (03)3565-3391 (03)3953-3325(営業部)
URL http://www.zeikei.co.jp/
乱丁・落丁の場合はお取り替えいたします。

© 吉岡正道・井岡大度・会田富士朗 2012　　Printed in Japan

本書を無断で複写複製(コピー)することは、著作権法上の例外を除き、禁じられています。本書をコピーされる場合は、事前に日本複製権センター(JRRC)の許諾を受けてください。
JRRC〈http://www.jrrc.or.jp eメール:info@jrrc.or.jp 電話:03-3401-2832〉

ISBN978-4-419-05773-2　C3063